軍師，我想好好活

劉燁，岳展騫 著

鬼谷子的腹黑職場生存術，
不是他被暗算，就是你被插刀！

崧燁文化

就算不能陷害他人，也絕不能被他人暗算！

操縱話語╳扭轉劣勢╳拉攏人心╳以假求真╳乘虛而入

職場如戰場，讀兵如讀心，歷久彌新的鬼谷子血淚語錄！

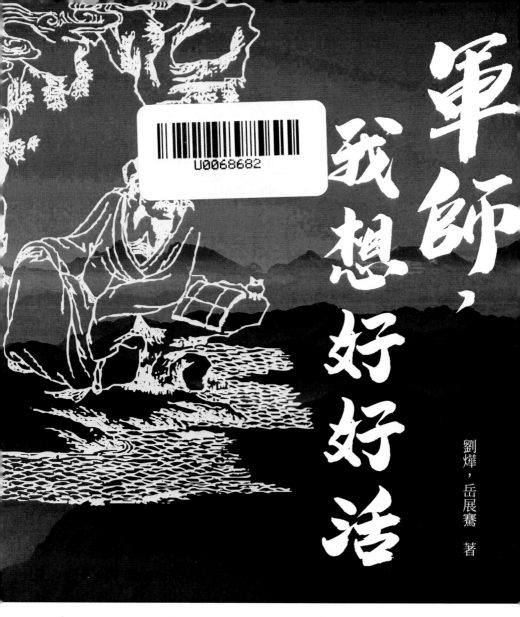

序言

鬼谷子（約西元前三九〇年至前三二〇年），戰國時期著名的思想家、謀略家，縱橫家的鼻祖，長於持身養性，精於心理揣摩，深明剛柔之勢，透曉捭闔之術，獨具通天之智，是先秦最神祕的真實歷史人物。

在先秦時期的諸子百家中，鬼谷子與老子、孫子、孔子、孟子等諸子齊名。先秦時代是中國歷史上一個少有的百花齊放、百家爭鳴的時代，各種學派、學術都獲得了自由的發展空間。作為其中的一部分，鬼谷子的縱橫學不但獲得了充分發展的土壤，更是得到了極大的運用，其適用性經受了當時複雜政治環境的考驗，這主要體現在他的四大入世弟子的事蹟上。

在諸侯並起、戰亂連年的春秋戰國時期，鬼谷子的四大弟子在這個動盪不安的大環境中扮演著極為重要的角色，甚至可以說，他們左右著這個動盪的局勢：孫臏是齊國軍師，軍事才能卓越，所著《孫臏兵法》與孫武的《孫子兵法》齊名；龐涓為魏國大將軍，精於實戰，多次發兵征討，戰無不勝，使魏國成為戰國七雄之一；蘇秦利用合縱術，身佩六國相印，合縱六國，共抗強秦，使秦國不敢出兵達十年之久；張儀為秦國相國，在師兄蘇秦死後，他採用連橫術瓦解了六國合縱，使秦國逐步消滅六國，最終統一全國。

也許，正是因為鬼谷子的縱橫學等思想有如此現實的操作意義，歷代諸多有志之士才不斷悉心研讀鬼谷子的智慧。如東漢的張良、唐朝的魏徵、明代的劉伯溫等，都是精通鬼谷子理論的學者辯士，他們利用縱橫學派的理論方法，最終都獲得了極大的成功。

在當代，鬼谷子的思想和智慧在內政、外交、經營、管理、公關等方面仍具有廣泛的指導意義。如「知之始己，自知而後知人也」、「無窮者，必有聖人之心」、「經起秋毫之末，揮之於太山之本」等。但需要說明的是，鬼谷子的思想多是遊說之士的理論、策略和手段，是為研究社會政治鬥爭中的謀略權術而生的治人之術，如「潛謀於無形，常勝於不爭不費」等，因此在學習運用時，一定要以遵守社會道德法律為根本前提。

鬼谷子的思想和智慧主要存於《鬼谷子》一書中。《鬼谷子》是一部由鬼谷子講授、後經蘇秦、張儀等人補充、修改而成的集縱橫家、兵家、道家、仙家、陰陽家等思想於一體的，以政治權術、謀略為主的著作。《鬼谷子》共有十四篇，其中第十三、十四篇已失傳。

鬼谷子生平

揭開鬼谷子的神祕面紗

曠世奇人鬼谷子是先秦諸子百家中一位傑出的思想家、謀略家，在「九流十家」中，他獨樹一幟創立了縱橫學派，被尊奉為縱橫家的鼻祖。

鬼谷子是位神祕的歷史人物，由於古籍文獻對之記載甚少，古今一些學者甚至懷疑是否存在其人其事，並認為他的著作《鬼谷子》為後人偽託。而對鬼谷子的故里和隱居、講學之地，更是眾說紛紜，民間甚至傳說他最後成了神仙。鬼谷子其人其事，甚是神祕：

第一、鬼谷子確有其人

《史記．蘇秦列傳》和《史記．張儀列傳》說鬼谷子是蘇秦和張儀的老師。《隋書．經籍志》在「縱橫家」類著錄了《鬼谷子》三卷，注解說：「鬼谷子，楚人也，周世隱於鬼谷。」《史記》和《隋書》認為，鬼谷子是隱居在鬼谷的一位研究遊說之術的隱士，生活在戰國時代，說明鬼谷子是一位真實的歷史人物。

第二、鬼谷子姓什麼名什麼

鬼谷子，姓王名詡，春秋戰國時人。常入雲夢山採藥修道。因隱居清溪之鬼谷，故自稱鬼谷先生。唐代馬總在《意林錄》中說：「周時有豪士隱者居鬼谷，自號鬼谷先生，無鄉里族姓名。」《太平廣記》引《仙傳拾遺》說：「鬼谷先生，姓王名栩，亦居清溪山中。」

據當代學者鄭傑文考證，「鬼谷子先生是一位活動在戰國中期的政治思想家。他大約生於西元前三九〇年左右，亡於西元前三二〇年前後，有過一段較為豐富的社會政治鬥爭生活經歷，後隱居在鬼谷，總結政治鬥爭經驗，潛心治學，開門授徒，教人以權變政治鬥爭術，是蘇秦、張儀縱橫政治術的教授者。」

需要指出的是，由於受上古時期子承父名的影響，鬼谷子的後代延用鬼谷字號的約有十代人，直至秦河東太守王稽（有史可查）的出山，最後一代叫鬼谷子的人是他的父親。為「亡秦而仕秦」，他不再做隱士，而做了官，最後因聯絡山東琅琊的諸侯倒秦事泄被殺，並牽連了當時的宰相、他的摯友范雎，二人同年去世。

第三、鬼谷子的遺跡

鬼谷子故里何方？歷來說法不一，大多數人認為是在陝南安康市石泉縣。

蜀漢杜光庭在《錄異記》中指出，「鬼谷先生居漢濱鬼谷山」。而石泉縣境內的雲霧山主峰即是鬼谷嶺。明代《興安府志》說：「鬼谷嶺，在雲霧山中，相傳先生（鬼谷子）隱處，有廢址，其鐵棺尚存。」其後的清康熙、道光史料，民國的《石泉縣志》，均有對鬼谷子遺跡較為詳實的記載。

鬼谷子一生雲遊不少名山大川。有時，他也和孔子一樣，坐著馬車到各諸侯國去講學授徒，有時則隱居於深山，閉門著書。因此，他一生曾有過許多隱居之地，這也給後人考證其遺跡帶來了一定難度，他也成了中國古代最為神祕的真實歷史人物之一。

目錄

一　立身處世的捭闔之術

鬼谷子曰：「故捭者，或捭而出之，或捭而納之。闔者，或闔而取之，或闔而去之。」（語出《鬼谷子．捭闔》）所謂開放，或者是讓自己出去，或者是讓別人進來。所謂封閉，或者是透過封閉來自我約束，或者是透過封閉使別人被迫離開。

開放、開啟和閉藏、封閉是世間萬事萬物變化發展規律的一種體現，如能在為人處世時始終明了何時該「捭」，何時該「闔」，捭闔有度，便能在生活中做到遊刃有餘。

鬼谷子曰：「故捭者，或捭而出之，或捭而內之。闔者，或闔而取之，或闔而去之。」

——語出《鬼谷子．捭闔》

立身處世的捭闔之術

鬼谷子曰：「捭之者，料其情也。闔之者，結其誠也，皆見其權衡輕重，乃為之度數，聖人因而為之慮。其不中權衡度數，聖人因而自為之慮。」

讓對方開放，是為了偵察他的真情；讓對方封閉，是為了堅定他的誠心。所有這些都是為了使對方的實力和計謀全部暴露出來，以便探測出對方各方面的程度和數量。聖人會因此而用心思索，假如不能探測出對方的程度和數量，聖人會為此而自責。

「捭」即是「開」，「闔」即是「閉」。鬼谷子認為，掌握並靈活運用捭闔之術，便能世事洞明人情練達，萬事皆能獲得成功。

曹操與劉備都是深諳捭闔之術者。膾炙人口的「煮酒論英雄」的故事就是雙方捭闔交鋒的經典之作。

曹操挾天子以令諸侯，勢力強大。劉備起兵未久，勢力尚弱，為防曹操謀害，便閉藏自己，在後院種菜，以為韜晦之計。

一日，曹操召見劉備，二人在小亭煮酒暢飲。席間，曹操多次以言詞試探劉備，意欲得到實情。劉備卻十分謹慎，始終不以真情流露。後來，曹操以「天下誰是英雄」再三追問，劉備無法，只得虛與委蛇，一一說出袁術、袁紹、劉表等二流人物相搪塞，但均被充滿霸氣的曹操否定。曹操最後手指劉備，又指著自己說：「天下英雄，就你我二人罷了。」劉備大吃一驚，手中的筷子不自覺掉在地上。當時正值大雨將至，雷聲大作。劉備故作從容地撿起筷子，說：「雷聲震動，將筷子嚇掉了。」這樣，劉備就將掉落筷子的真正原因巧妙地掩飾了。後來，劉備終於得以三分天下，與曹操、孫權成鼎足抗衡之勢。

劉備的成功正是源於他對捭闔術的靈活運用。中國傳統智慧中獨有的捭闔術，是春秋戰國時期縱橫家們馳騁天下的法寶之一，鬼谷子四大入世弟子中的蘇秦、張儀皆以縱橫家著稱。

蘇秦頭懸梁錐刺骨，苦學捭闔術，終憑三寸不爛之舌成功遊說六國，使六國合縱，自己佩帶六國相印，聲名顯赫一時。張儀困窘之時仍堅信「舌在，便是本錢，總有出頭之日」。果不其然，他最後一舉擊潰了其同門師兄弟蘇秦苦心經營起來的六國聯盟，為秦最終統一六國作出了不可磨滅的貢獻。

人生亦然。捭闔有度，進退自如，是為人處世的要旨。

進和退是人生的一種選擇，而每次不同的選擇往往會對以後的人生軌跡帶來不同的影響。有時即使邁出的是一小步，卻左右著今後的人生，而在面臨大抉擇的重要關口時，更要懂得進和退的選擇。

因此，要想給人生導航，必須把握那些足以決定社會發展潮流和天下大勢的事物的動向，並由此來正確地決斷自己的進退隱顯。立身社會的每個人都面臨工作的壓力，如何讓自己的事業順利。首先就要認清有利和不利條件，特別是大局的發展趨勢，然後借勢生風，如此才會大有作為。否則，縱有千條妙策，亦難有所成就。

【知古通今】

孫臏與龐涓師從鬼谷子學習兵法。龐涓為求功名先孫臏下山，到了魏國被魏王拜為軍師，但他心裡很清楚，孫臏的才華遠在自己之上。所以，儘管曾允諾推舉這位同門師兄，但龐涓始終沒有在魏惠王面前提起孫臏。

後來，孫臏由師父的至交墨子舉薦到了魏國。見過魏王，叩問兵法，孫臏都對答如流。魏王喜出望外，準備任命孫臏為副軍師。這時龐涓假惺惺地說，我們情同手足，孫臏是我師兄，怎麼能讓兄在我之下呢?不如先拜客卿，等到功勛卓著，臣當讓位。於是，孫臏被拜為客卿。從此，兩個老同學來往又密切起來。

龐涓雖表面上仍與孫臏以同學相處，暗地卻心懷鬼胎，欲置孫臏於死地。他暗中陷害孫臏，使其慘受「臏刑」(割去膝蓋骨)，然後又假意派御醫敷藥療傷，並派人將孫臏抬入書館，好言安慰。孫臏對龐涓感激涕零。

龐涓一心想要得到鬼谷子注釋的《孫子兵法》，便巧施恩惠使孫臏答應刻寫出來。直到從侍從口裡獲知了龐涓的真實目的後，孫臏才徹底認清了龐涓的真面目，他燒毀已刻兵書，心想，唯有裝瘋方可暫保一命。

於是孫臏又哭又笑開始裝瘋。龐涓來探時，他目中無人地說道，我笑魏王想奪我性命，卻不知我有十萬天兵護佑;我哭魏國除我之外沒有一個人可以當大將。說完，睜大眼睛瞪住龐涓，接著又磕頭如搗蒜，大聲叫喊，師父救我!無論龐涓怎麼誘說，孫臏都死拽住他的袍子不鬆手，直喊師父救我呀!龐涓無法，只得令左右將孫臏扯脫後快快回府。

龐涓對孫臏的表現疑惑不已，心想孫臏可能是裝瘋。於是，又私下派人把孫臏拖到豬圈裡。豬圈裡到處是豬屎豬尿，臭氣熏天。孫臏披頭散髮，在屎尿之中呼呼大睡。有人挑來一擔酒食，說是可憐先生如此遭遇，瞞著軍師送來的。孫臏知道這又是龐涓在試探自己，便破口大罵，畜生，又來毒害我嗎？！並把酒食掀翻在豬圈裡。來人抓起一把豬屎砸向他，他一把接住送到嘴裡津津有味地吃了起來。來人把情況報告給龐涓。龐涓冷笑道，這傢伙真瘋了！

就這樣，孫臏巧借裝瘋瞞天過海逃過了龐涓的謀害，日後在圍魏救趙一役中得以報仇雪恨。

評析：

孫臏在知道龐涓加害自己的實情後，清醒地意識到自己目前與仇敵力量懸殊，於是明智地採取了避實就虛、避其鋒芒的應敵之術。他面對龐涓時裝瘋，是捭，屬於陽；消除了龐涓的戒心獲取了自救時間後繼續裝瘋，其目的是為最終擺脫龐涓的加害，是闔，屬於陰。總之，孫臏最後成功復仇的關鍵是準確地掌握了仇敵的心理，並適時地運用了捭闔之術。

【連結共享】

故言長生、安樂、富貴、尊榮、顯名、愛好、財利、得意、喜欲為「陽」，曰「始」。故言死亡、憂患、貧賤、苦辱、棄損、亡利、失意、有害、刑戮、誅罰，為「陰」，曰「終」。

——《鬼谷子．捭闔》

所以說長生、安樂、富貴、尊榮、顯名、嗜好、財貨、得意、情慾等，屬於「陽」的一類事物，叫做「開始」。而死亡、憂患、貧賤、羞辱、毀棄、損傷、失意、災害、刑戮、誅罰等，屬於「陰」的一類事物，叫做「終止」。

（捭闔之術）無所不出，無所不入，無所不可。可以說人，可以說家，可以說國，可以說天下。

——《鬼谷子．捭闔》

由此看來，沒有什麼不能出去，沒有什麼不能進來，沒有什麼辦不成的。用這個道理，可以說服人，可以說服家，可以說服國，可以說服天下。

二　自然大方、不卑不亢

鬼谷子曰：「捭闔之道，以陰陽試之。故與陽言者，依崇高。與陰言者，依卑小。以下求小，以高求大。」（語出《鬼谷子．捭闔》）關於開放和封閉的規律，都要從陰陽兩方面來試驗。因此，給從陽的方面來遊說的人以崇高的待遇，而給從陰的方面來遊說的人以卑下的待遇。用卑下來求索微小，以崇高來求索博大。

當與我們交談的對象是自己的上級或者我們有求於對方時，要泰然自若、不卑不亢。

自然大方、不卑不亢

鬼谷子曰：「捭闔之道，以陰陽試之。故與陽言者，依崇高。與陰言者，依卑小。以下求小，以高求大。」

——語出《鬼谷子．捭闔》

自然大方、不卑不亢

人與人之間的交談總有個主題，也就是談話的目的。當我們交談的對象是自己的上級或者我們有求於對方時，要泰然自若、不卑不亢，心理上絕不能看低自己，要擺正心態——彼此是平等的對話雙方，不能還沒開談，氣勢就先弱下去了。如此，我們才能無拘無束大開言路，說服對方，達到自己的目的。

蘇秦、張儀、公孫衍、李斯等縱橫家都出身貧寒，地位微賤，然而他們卻能使顯貴的諸侯按照他們的意志行事，「一怒而諸侯懼，安居而天下熄」。

他們是怎樣獲得這樣巨大的成功的呢？原來，他們無論是在說人、說家，還是在說國、說天下時，都沒有絲毫畏懼或自覺低人一等。他們在進行每一次遊說時都有著非凡的氣度與恢弘的氣勢，使得被說者不由自主地對他們的說辭洗耳恭聽。被說對象的重視無疑給了他們很大的鼓舞，於是，他們大開話閘，妙語如珠滔滔不絕。智慧之門一經打開，便能取得極大的成功，他們的言論很快便得到認同。

鬼谷子認為，如果說者的建議沒有被採納執行，那是由於自己還未將道理講明白、沒讓對方弄清楚；要是對方已經明確說者的意圖卻仍不予以執行，那是由於話沒有說到點子上，沒有說到對方的心裡。所以，說服他人的根本還在於打消其疑慮，只有將有利於證明自己觀點的各種事實都擺出來，才能令對方心悅誠服。

一文不名的張儀在遊說秦惠王時，旁徵博引反覆論證氣勢磅礴，道理環環相扣不證自明，使得秦惠王與在場大臣不得不信服。同時，張儀還設身處地地為秦惠王著想，體諒其實力具備卻無法實現天下霸業的心境。

秦惠王面對張儀的長篇大論，沒有一絲平常聽自己的臣下進言時的厭惡之情，反而越聽越深感張儀真乃其相見恨晚的知己。這樣的遊說要不成功都難啊！張儀的不凡言論、深遠見識令秦惠王喜不自禁，當即拜這位曾經因為家貧被誣為盜楚相國昭陽稀世珍寶和氏璧的竊賊為客卿，參與軍國大計。

人們常說，說話要分場合、要看對象、要有分寸，其實最關鍵的就是要自然得體、不卑不亢。在與人交談的過程中，我們不僅要善談、善聽，更要自然大方地陳述自己的觀點意見，恰如其分地表達自己的喜怒哀樂，不卑不亢，大方、自信地與人交往。

【知古通今】

范雎家境貧寒，於是投奔魏國大夫須賈，做他的門客。一次，范雎跟著須賈出使齊國。一連幾個月，不能面見齊王，范雎於是施展辯才，很快得到齊王的召見，並圓滿完成任務。齊襄王佩服范雎的辯才，特派使者賜給他十斤黃金、牛肉和酒，范雎婉辭。

須賈聽說後非常嫉妒，回國後誣告范雎接受齊國賄賂，裡通外國。丞相魏齊聽後非常生氣，令人鞭打范雎。范雎被打斷了肋骨，打落了牙齒，只好裝死。魏齊於是命人將他用蓆子捲起來扔進廁所，並叫賓客對著范雎小便。遭到這樣的奇恥大辱，范雎反而出奇的冷靜，最終用計連夜逃亡，改名張祿。

在朋友鄭安平的幫助下，范雎見到秦國的使者王稽，一番高談宏論之下，王稽折服，於是設法將范雎帶出魏國，前往秦國。這樣，范雎用自己的智慧和冷靜得以順利逃生。

後來，范雎又上書秦昭王針砭秦國時事。秦昭王見到范雎之書，很快就予以召見。

范雎進入宮門故意走進專供秦王走的道路，明知面對的是昭王卻故意不拜。宦官與之爭執，他故意說：「秦國哪有什麼大王？只有太后、權臣罷了！」一句話觸動秦昭王的痛處。昭王於是引范雎密談。

秦昭王再三懇請他賜教，范雎此時卻裝糊塗三緘其口，每次都唯唯諾諾兩聲，直到已確定昭王不怒不慍虔心問政，這才打開言論之閘。

當時的秦國經過幾位秦王的苦心經營後，國力已雄踞其他國家之上。但秦昭王執政時期，一些措施限制了秦國的發展。國內，後黨勢力強大，君權遭到控制，並且權臣當道。對外，秦國沒有一個有效的兼併統一策略，所以常常勞而無功。

范雎一針見血地點明秦國的處境，接著，他便獻出遠交近攻的計策。

在秦國兼併的戰爭取得勝利之後，范雎又勸秦昭王大權獨攬，秦昭王採納，於是廢太后、逐權臣，范雎也因此順利地做了秦國的丞相。

評析：

從廁所中逃出來飽受屈辱的范雎，有著被鄙視被屈打被羞辱的肉體，但他的靈魂是不卑不亢的。他胸藏萬千丘壑，天下盡在掌握之中。所以，在朝見當時最強大的秦國的最高統治者時，不但氣勢不減，反令要說服的對象——秦昭王先自降身分轉而請求他的賜教。范雎在展示他傑出的辯才時所表現出來的不卑不亢的氣勢，值得我們學習。

【連結共享】

欲聞其聲，反默；欲張，反斂。

——《鬼谷子．反應》

想要講話，反而先沉默；想要敞開，反而先收斂。

三　面對逆境的忤合術

鬼谷子曰：「計謀不兩忠，必有反忤；反於是，忤於彼；忤於此，反於彼。」（語出《鬼谷子・忤合》）凡是計謀不可能同時忠於兩個對立的君主，必然違背某一方的意願。合乎這一方的意願，就要違背另一方的意願；違背另一方的意願，才可能合乎這一方的意願。

事情總是有正有反，有利有弊，有直有曲。聰明的人往往善於變不利為有利，變被動為主動，從而化險為夷轉危為安。

反於是，忤於彼；忤於此，反於彼。——《鬼谷子．忤合》

鬼谷子曰：「計謀不兩忠，必有反忤；反於是，忤於彼；忤於此，反於彼。」

——語出《鬼谷子．忤合》

面對逆境的忤合術

忤合術是鬼谷子關於對立、相反與順應、相合的方法。「忤」就是相背，「合」就是相向。鬼谷子的忤合術是基於「忤」與「合」可以互相轉化的原理。

事情總是有正有反，有利有弊，有直有曲。聰明的人往往善於在現實環境裡針對對方的計謀並結合自己的需要，變不利為有利，曲中見直或直中見曲，改變鬥爭形勢，變被動為主動，從而化險為夷轉危為安。

鬼谷子認為，事物的發展變化是循環往復周而復始的，在不同的發展階段又有各自不同的特點與現實背景。人們立身處世，應該用變化的、發展的、全面的眼光，反覆探求並掌握事物的連續性和獨立性。就是要在矛盾普遍性原理的指導下，具體地分析矛盾的特殊性，做到具體問題具體分析，這才是正確解決矛盾的關鍵。

春秋戰國時期，楚莊王即位三年，沒有頒布過一條政令，只是「飽食終日，無所用心」，群臣對此憂心忡忡。

一次，大夫申無畏請求拜見。楚莊王坐在那裡不以為然地問：「大夫求見，有何貴幹？是想要飲美酒、聽音樂，還是有話要和寡人說？」

申無畏拐彎抹角地回答：「我既不是來飲美酒的，也不是來聽音樂的。我是有事特來請教大王的。」

楚莊王急忙問：「是何事？快說與寡人聽聽。」

申無畏說：「楚國某地高崗上，棲著一隻身披五彩繽紛羽毛的大鳥，已歷時三年，不飛不鳴，不知是何緣故？」

楚莊王笑道：「這不是一般的鳥。三年不動，是為了養豐羽翼；不飛不鳴，是為了觀察民情。這隻鳥不飛則已，一飛沖天；不鳴則已，一鳴驚人。你拭目以待吧！」

三年後，楚莊王稱霸，是為春秋五霸之一。

楚莊王的思維與行為方式與常人不同，與常理不同，但卻有自己的特點，趨合於客觀實際：當羽翼豐滿，民情考察好了之後，才開始有所作為。

馬克思主義哲學告訴我們，矛盾存在於一切事物中，並且貫穿於事物發展過程的始終，即矛盾無處不在，矛盾無時不有，這就是矛盾的普遍性。同時，矛盾雙方又有其特殊性。矛盾特殊性的表現之一是指事物矛盾的雙方各有其特點。矛盾的普遍性與特殊性是辯證統一的。矛盾雙方在一定條件下可以互相轉化。所以，「背反」可以轉變為「趨合」，「趨合」也可以轉化為「背反」。

這就啟示我們，在面對不利環境時，要充分發揮自己的主觀能動性和創造性，相信依靠自己的能力和努力，可以變不利為有利，可以化險為夷、轉危為安。

【知古通今】

班婕妤是漢成帝的后妃，她的父親班況曾在漢武帝後期馳騁疆場，立下不少汗馬功勞。在趙飛燕入宮前，漢成帝對班婕妤最為寵幸。

趙氏姐妹入宮後，飛揚跋扈，許皇后十分痛恨，無可奈何之餘，想出一條下策，在孤燈寒食的寢宮中設置神壇，晨昏誦經禮拜，祈求皇帝多福多壽，詛咒趙氏姐妹災禍臨門。

事情敗露以後，趙氏姐妹故意在成帝面前搬弄是非，誣陷許皇后不僅咒罵自己，還咒罵皇帝。漢成帝一怒之下，把許皇后軟禁於昭台宮。趙氏姐妹還想利用這一機會對她們的主要情敵班婕妤加以打擊。

糊塗的漢成帝色令智昏，居然聽從趙氏姐妹的挑唆審問班婕妤，並欲治其死罪。大難將至，班婕妤從容不迫地說：「我聽說死活有命運注定，能否富貴在於天意。行善尚且不能得到幸福，作惡還想指望什麼？如果鬼神有知，就不會接受奸邪壞人的胡說；如果鬼神無知，向他訴說又有何益呢？所以我是不願做禱告詛咒之事的。」

漢成帝覺得她說得有理，又念及以前的恩愛之情，更是頓生憐惜之心，當下便決定不予追究，並且厚加賞賜，以彌補心中的愧疚。

評析：

「死生有命，富貴在天」是「合此」，「修正」、「為邪」是「忤彼」；「若鬼神有知」是「合此」，「就不會聽信讒言」是「忤彼」；「要是鬼神無知」是「合此」，「那麼向鬼神訴說就是徒勞」是「忤彼」。聰明的班婕妤在面臨險境時，鎮定地用忤合術的智慧將漢成帝說服，成功地使自己轉危為安，實為運用忤合術的典範。

【連結共享】

用之於家，必量家而與之；用之於身，必量身材氣勢而與之；大小進退，其用一也。

——《鬼谷子・忤合》

如果把這種忤合之術運用到某個家庭，就必然要把整個家庭都放在忤合之中；如果把這種忤合之術用到某一個人，就必然要把這個人的才能氣勢都放在忤合之中。總之，無論把這種忤合之術用在大的範圍，還是用在小的範圍，其功用都是相同的。

不飛則已，成事者貴在能屈能伸，不因一時之成敗而自滿或消沉。能「一飛沖天」的人，必定在「不飛則已」時用心觀察；能「一鳴驚人」的人，必定在「不鳴則已」時不斷養精蓄銳。

四　與人交往要投其所好

鬼谷子曰：「審其意，知其所好惡，乃就說其所重，以飛箝之辭，鉤其所好，乃以箝求之。」（語出《鬼谷子．飛箝》）要詳細考察對方的願望和想法，要了解他們的好惡，然後針對對方所重視的問題進行遊說，再用「飛」的方法誘出對方的愛好所在。最後再用「箝」的方法把對方控制住。

別人最喜歡什麼？最想得到什麼？或者最缺乏什麼？最需要什麼？弄清楚這些，然後投其所好，往往會有意外的收穫。

鬼谷子曰：「審其意，知其所好惡，乃就說其所重，以飛箝之辭，鉤其所好，乃以箝求之。」

——語出《鬼谷子．飛箝》

與人交往要投其所好

人們每天都要與形形色色的人打交道，那麼，怎樣才能與別人相處好呢？關鍵的一點就是要善於觀察別人的喜好與行為特點，了解什麼樣的話題對方最感興趣，這樣，與人交往時就能投其所好，讓別人覺得你容易接近，容易成為朋友。

鬼谷子便在〈飛箝〉中精妙地分析、闡釋了如何投其所好才能獲得更大的利益與回報。

「飛」，製造聲譽、激勵、褒揚；「箝」，箝制、控制。「飛箝」意為先為對方製造聲譽來贏取其歡心，再用各種技巧來箝制他，使他為我所用。

鬼谷子認為，只有了解對方的心理，才能誘導對方跟著自己走。首先給對方以肯定和推崇，然後將其引入自己的軌道。要詳細考察對方的願望和想法，要了解他們的好惡，然後針對對方所重視的問題進行遊說，再用「飛」的方法誘出對方的愛好所在。最後再用「箝」的方法把對方控制住。

張儀學到鬼谷子的縱橫術後，先到楚國謀求富貴。哪知到楚後大失所望，楚懷王對他並不重視。於是張儀想起了老師教授的「飛箝」術。

張儀多方了解，發現楚懷王嗜好女色。張儀便投其所好，用一番鋪張揚厲的形容美女的言辭，就將楚懷王箝制住，使他心甘情願地許自己以高官厚祿。

實施飛箝術的技巧，在於正搔到對方的癢處，越搔越癢，越搔越舒服，進而把對方控制住。但是要特別注意，使用此術時必須謹慎，要做到不動聲色不露痕跡，自然而然地讓對方樂於接受、甘於為我所用。切不可毛手毛腳、急功近利、急於求成，一切都應該是水到渠成才對。

別人最喜歡什麼？最想得到什麼？或者最缺乏的？最需要的是什麼？弄清楚這些，然後投其所好，往往會使你在與人交往的過程中獲得意想不到的回報。

【知古通今】

喬．吉拉德是當今世界上最偉大的推銷員之一。有人曾問他成功的祕訣是什麼，他開玩笑似地說：「沒有別的，我只是讓顧客感覺我喜歡他們。」

每逢節假日，喬·吉拉德總是會在百忙之中抽出時間給顧客寄張賀卡，並且親筆寫上諸如「我喜歡你」或者「只為你一人」之類的話語。簡單的一句話和小小的一張賀卡都是微不足道的，談不上什麼成本，可是，卻沒有人會不喜歡。吉拉德也因此擁有一大批老顧客。

有一次，一位中年婦女走進了喬·吉拉德所在的展覽室，她告訴喬·吉拉德，她想在這裡打發一會時間，因為她想買一輛白色的福特車，就像她姐姐開的那輛一樣，但對面福特車行的推銷員讓她過一個小時再去，所以她就先來這裡看看。閒談中，她還說這是她送給自己的生日禮物——今天是她五十五歲生日。

「生日快樂！夫人。」喬·吉拉德一邊說，一邊請他隨便看看，接著他出去了一會，然後回來對她說：「夫人，您喜歡白色的車，既然您現在有時間，我就給您介紹一下我們的雙門式轎車——也是白色的。」

他們正談著，女祕書走了進來，遞給喬·吉拉德一束玫瑰。他把花送給了那位女士：「祝您長壽，尊敬的夫人。」

中年婦女感動極了，眼眶都濕了。「已經很久沒有人給我送禮物了。」她說，「剛才那位福特推銷員一定是看我開了輛舊車，以為我買不起新車，我剛要看車他卻說要去收一筆款，於是我就上這裡來了。其實，我只是想買一輛白色的車而已，只不過我姐姐的車是福特的，所以我也想買福特的。現在想想，不買福特車也可以。」

最後，她在喬．吉拉德那裡買了一輛雪佛蘭，並填寫了一張全額支票。喬．吉拉德從頭到尾都沒有勸她放棄福特買雪佛蘭，只是因為她在他那裡受到了重視，於是便放棄了原來的打算，轉而選擇了雪佛蘭。

評析：

喬．吉拉德不愧為世界上最偉大的推銷員，他發現這位客戶沒有得到福特推銷員應給予的熱情招待後便斷定，一點點真誠的尊重與關愛就可以打動她。最後，喬．吉拉德以一束玫瑰與一句誠摯的祝福為代價，就成功地推銷出了一輛車。投其所好的神奇由此可見一斑。

【連結共享】

用之於人，則量智慧、權財力、料氣勢，為之樞機，以迎之、隨之，以箝和之，以意宣之，此飛箝之綴也。

——《鬼谷子．飛箝》

如果把「飛箝」之術用於他人，就要揣摩對方的智慧和能力，度量對方的實力，估計對方的勢氣，然後以此為突破口與對方周旋，進而施以「飛箝」之術達成議和，以友善的態度建立邦交。這就是「飛箝」的妙用。

五　行事要機巧

鬼谷子曰：「鉤箝之語，其說辭也，乍同乍異。其不可善者，或先征之，而後重累；或先重累，而後毀之；或以重累為毀；或以毀為重累。」（語出《鬼谷子．飛箝》）鉤箝之語是一種遊說辭令，其特點是時同時異。對於那些以鉤箝之術仍沒法控制的對手，或者首先對他進行威逼利誘、用憂患之事詰難他，或者製造輿論故意詆毀他。

機巧是一種相當微妙的行事方法，對於那些渴望成就事業的人來說，這種行事的方法不可不知。

鬼谷子曰：「可引而東，可引而西，可引而南，可引而北，可引而反，可引而覆，雖覆能復，不失其度。」

——語出《鬼谷子．飛箝》

行事要機巧

不管一個人多麼才華橫溢、天資過人，如果在做事時缺乏足夠的方法來對才華和天資進行有效的引導，那麼他仍會因無法有效地施展和運用自己的才華而難以獲得成功。

「假作真時真亦假，無為有處有還無」。有的時候，人們明明心裡知道也分得清楚哪是真、哪是假，卻故意「指假為真」，以假象去引誘甚至逼迫對方顯露出其真實意圖。這就是「以假求真」。「以假求真」，就是機巧行事的表現。

鬼谷子在〈飛箝〉中也講到了何時有必要「以假求真」，並藉以強調行事要機巧。

鬼谷子所說的飛箝之術，最大的奧妙就在於反覆試探以抓住對方心理，從而決定是投其所好、用激勵褒獎的言辭去說服對方，還是故意詰難、詆毀對方，用假象使對方落入自己精心設置的圈套。

蘇秦正躊躇滿志說服諸侯合縱時，秦軍擊敗魏國後準備乘勝攻打趙國。為順利完成合縱，蘇秦想讓同門師兄弟張儀去秦國遊說秦王罷兵。於是他派人送親筆信給張儀，給他造成他去趙國後蘇秦必會推舉他得到重用的假象。

張儀到了趙國，當他興沖沖去見同窗好友、今日大富大貴且大權在握的蘇秦時，卻一連吃了好幾天閉門羹。好不容易傳見了，這位昔日的好友卻待他無比傲慢、刻薄，毫無故人之情。一連串的羞辱之後，張儀終於忍無可忍，大罵蘇秦為勢利小人。

蘇秦卻不氣不惱，微笑著進一步打擊詆毀他：「以餘子之才，應該先我而際遇，未料你竟窮困如此。我本想把你推薦給趙侯，使你得於富貴，就怕你志衰才退，無所作為，反連累於我。」

張儀說：「大丈夫自能取富貴，難道非由你推薦不成？」

蘇秦冷笑道：「既然如此，即可自便。」讓人給張儀十兩金子。張儀將金子扔在地上，憤然而去，蘇秦也不挽留。

張儀走投無路，果然如蘇秦所願去依附秦國了。

在這則小故事中，張儀的所見所聞，蘇秦的所作所為其實都是假象，背後彷彿有一隻無形的手在一步一步將張儀引向秦國去完成蘇秦的圓滿計謀。這就是倒用「褒揚」箝制術，故意打擊對方，以假象逼迫對方顯露出其真實意圖。

這正是所謂「請將不如激將」，當因事不得不有求於人時，不妨虛晃一招讓對方在不知不覺中如你所願，只有如此機巧行事，才能更直接更有效地達到自己的目的。

【知古通今】

有個叫哈桑的人，借給一個商人兩千金幣，可是第二天不小心把借據丟失了，到處找也找不到，急得直冒汗。妻子在一旁，也想不出補救的辦法，嘴裡還在不停地埋怨。哈桑心裡發慌，趕緊跑去找他最要好的朋友納斯雷丁，請他想個辦法。

「如果那個商人知道我丟了借據，就不會把錢還我了，真主在上，那可是兩千金幣啊！」哈桑對納斯雷丁說，「我手裡再沒有任何關於這筆借款的證據了。」

「商人借錢時沒有第三個人知道嗎？」納斯雷丁問。

「只有我妻子知道，但那是在商人把錢借走之後，我才告訴她的。」

「那等於說，魚兒跑了，你才撒下網。」納斯雷丁說，「商人借錢的期限是多長時間？」

「時間是一年。」

納斯雷丁沉思了片刻，為哈桑想出了好辦法：「可以向那個商人要一個借錢的證據。」

「什麼？向借錢的人要借錢的證據？」哈桑困惑不解，簡直感到荒唐可笑。

「對，只有這個辦法可行。」納斯雷丁說，「你馬上寫封信給商人，要求盡早歸還你借給他的兩千五百金幣。」

「我只借給他兩千金幣，哪來的兩千五百金幣？」

「你去信催討兩千五百金幣，他必定立刻回信，說明他只欠你兩千金幣。這樣一來，你手裡不就有證據了嗎？」哈桑一聽有道理，便寫了一封信，對於為什麼要急著催還這筆借款，理由說得很充分。

果然，不到十天工夫，商人回了一封親筆信，信中這樣寫道：「……你發生了一點特殊情況，問我能不能提前償還這筆借款，我不能照你要求的去做，我們商定的借期是一年，我是按借款日期安排我的買賣的。至於說到借款的數目，你搞錯了，肯定錯了！我只借了兩千金幣，絕不是兩千五百金幣，你那裡有我親自寫的證據。你是不是把別人的借款算到我頭上來了？真主在上，我借的是兩千金幣，不是兩千五百金幣……」

哈桑拿著這封信，高興地告訴找納斯雷丁說商人回信了。

評析：

商人哈桑在意外丟失了借據後，經朋友點撥，向自己借貸的商人去了一封信，假說急需對方還款，並故意將其所借金幣數額多說了五百，使得對方不得不急忙回信申辯，這樣，哈桑就等於重新擁有了借據。這個故事告訴我們，做人做事既要有原則，同時又要靈活多變，伺機而動。

【連結共享】

可引而東，可引而西，可引而南，可引而北，可引而反，可引而覆，雖覆能復，不失其度。

——《鬼谷子．飛箝》

（使用飛箝之術）可以（將對方）引而向東，也可以引而向西；可以引而向南，也可以引而向北；可以引而返還，也可以引而復去。雖然如此，還是要小心謹慎，不可喪失其節度。

闔之者，閉也，默也，陰也。

壓制他，透過自己的沉默或反對或疑問來逼出對方的實情。

——《鬼谷子·捭闔》

六　有捨才有得

鬼谷子曰：「其用或稱財貨、琦瑋、珠玉、璧帛、采色以事之，或量能立勢以鉤之，或伺候見澗而箝之，其事用抵巇。」（語出《鬼谷子・飛箝》）想要重用某些人時，或者先賞賜財物、珠寶、玉石、白璧和美麗的東西，以便對他們進行試探；或者透過衡量才能創造態勢，來吸引他們；或者透過尋找漏洞來控制對方。

俗話說，有得必有失。同樣，捨得捨得，只有先捨才能後得。

鬼谷子曰：「其用或稱財貨、琦瑋、珠玉、璧帛、采色以事之，或量能立勢以鉤之，或伺候見澗而箝之，其事用抵巇。」

——語出《鬼谷子．飛箝》

有捨才有得

古人造詞很有意思，捨與得本是反義詞，連在一起，捨在先，得在後，先捨後得，不捨不得，小捨小得，大捨大得。故欲求有得，應先學施捨，以捨為得，善捨善得。如有時候，為了避免更大損失，不妨主動「捨」。因為，必要時「捨小」可以「得大」，可以緩解矛盾，化解危險處境。

鬼谷子認為，若與他人發生利益衝突，而自己又處於劣勢時，就必須衡量得失，捨小保大。可以先主動進獻財物、珠寶、玉石、白璧和美麗的東西，以便解除他們對自己的猜疑，緩解雙方的利益衝突。此鉤箝之術常常用來緩解與對方的矛盾，分散對方的注意力，從而化解危險處境。

在這個過程中還要運用抵巇之術。即首先要「得其情」，想誘導對方，必須收集並掌握有關對方的第一手資料，摸清對方的喜好或弱點，以便投其所好、有隙可乘，「慷慨」

地給予對方想要的，從而使自己避免更大的損失。須知，關鍵時刻的「慷慨」是可以挽救自己的性命的。

張儀完成「連橫」遊說，返回咸陽。這時秦惠文王病逝，太子蕩即位，是為武王。武王生性粗直，厭惡張儀多詐，朝臣也趁機向武王大進讒言，攻擊張儀。張儀備遭冷遇，日夜惶恐不安。

齊宣王聽說秦惠王逝世，武王即位，張儀失寵，當即派孟嘗君致書列國，主張恢復合縱盟約。齊宣王自命為縱約長，並發布通緝令，聲言得到張儀者，賞城十座。

張儀得知後對秦武王說：「聽說齊宣王十分憎恨我，我在秦國，齊宣王必然聯合諸侯興兵討伐。我願離開秦國到魏國去，到時齊國必然伐魏，待齊、魏兵連不解，大王可趁機出動大軍東伐。這正是削平列國統一天下之良機。」

武王聽了連連稱善，便派了三十輛車，浩浩蕩蕩送張儀入魏。魏襄王聽說張儀到來，喜出望外，親自出城迎接，並再次任其為相國。

張儀完成連橫後，因功高而遭人嫉恨，很快失寵，陷入困境。這時，齊宣王的通緝令無疑是雪上加霜。張儀深知自己危在旦夕，遂果斷地作出了捨小得大的抉擇——自請離秦投魏。在為強秦立下大功後，竟然捨棄應得的豐厚報酬，甘願為秦再做說客，就算秦王再厭惡張儀狡黠多詐，也難拒絕張儀將為自己帶來的「削平列國統一天下之良機」的誘惑。這樣一來，張儀的「慷慨」不僅成功緩和了與秦武王的矛盾，也為自己贏得了入魏的非凡氣勢。

由上可知，捨小才能得大，才能更進一步得到大。捨是哲學，得是本領。捨得是精神，是境界，是領悟，更是大智慧。

【知古通今】

劉肥是漢高祖劉邦的長子，只因其母不是劉邦原配且又早逝，僅被封為齊王。但劉邦還是很喜歡這個兒子。劉肥是諸王中封地最多的，下轄七十多座城。

劉肥於西元前一九三年入朝，漢惠帝（劉邦嫡長子，呂雉所生）以兄弟之禮相待，共邀飲酒於太后呂雉面前。惠帝讓劉肥坐上座，呂太后不悅，令人送兩杯毒酒令肥為己祝壽，欲趁機除之。惠帝不知是計，欲與肥一起為呂太后祝壽，呂太后不得已，將兩杯毒酒碰翻以飾毒心。此狀被肥看見，深以為懼，不敢再飲，佯醉而退。

後來劉肥透過手下耳目探得毒酒是針對自己而來，因而整日提心吊膽，怕命喪長安而不能活著回到封地。其門下一謀士進言：「太后僅生惠帝與魯元公主，今王有七十餘城，而公主僅有數城，何不獻一城給太后，請為魯元公主湯沐邑，太后寵獨女，得城必喜，王可免禍。」

劉肥依計獻城陽郡並尊魯元公主為皇太后。呂雉喜而許其請，並置酒於齊邸，相飲甚歡。劉肥終於免除殺身之禍，得以歸國。

評析：

劉肥因向魯元公主敬獻城池而倖免於呂后迫害。生活中，我們難免也會遇到這樣的危險，陷入兩難的境地。這時，我們就要慷慨解囊，果斷割捨，以捨小得大，化險為夷。

【連結共享】

將欲用之於天下，必度權量能，見天時之盛衰，制地形之廣狹、阻險之難易，人民貨財之多少，諸侯之交孰親孰疏，孰愛孰憎，心意之慮懷。

——《鬼谷子．飛箝》

要把飛箝之術向天下推行，必須考核人的權謀和才能，觀察天地的盛衰，掌握地形的寬窄和山川險陰的難易，以及人民財富的多少。在諸侯之間的交往方面，必須考察彼此之間的親疏關係，究竟誰與誰疏遠，誰與誰友好，誰與誰相惡。

有捨才有得

魚，我所欲也，熊掌，亦我所欲也，二者不可兼得，捨魚而取熊掌也。

熊掌魚翅不可兼得。如果想要熊掌，就必定要捨棄魚翅，如果選擇魚翅，那就要捨棄熊掌，反正總要捨棄一個，才能得到另一個。

七　見微知著

鬼谷子曰：「己欲平靜以聽其辭，觀其事、論萬物、別雄雌。雖非其事，見微知類。」（語出《鬼谷子．反應》）自己要想平靜，以便聽取對方的言辭，考察事理，論說萬物，辨別雄雌。雖然這還不是事情本身，但是可以根據細微的徵兆，探索出同類的大事。

能明察秋毫的人往往目光敏銳，善於以小見大，洞察事理，從微小表象看清事物的本質。

見微知著、明察秋毫

鬼谷子曰：「己欲平靜以聽其辭，觀其事、論萬物、別雄雌。雖非其事，見微知類。」

——語出《鬼谷子．反應》

見微知著

以小見大，見微知著，就是說要透過個別來窺知全體，透過表象探究本質，一葉落而知天下秋。

鬼谷子曰：「經起秋毫之末，揮之於泰山之本。」經緯之線起始於像秋天動物細毛末端一樣短的長度，發揮它的作用卻可以測量泰山的高大。「秋毫」是指秋天鳥獸身上新長的細毛。鬼谷子用這個比喻來形容聖人通達計謀，善於見微知著。

智者往往見到事情的苗頭，就能知道它的本質和發展趨勢。能明察秋毫、見微知著的人，往往目光敏銳，任何細小的事物都能看得很清楚。他們善於以小見大，能洞察事理。下面是鬼谷子見微知類，及時幫助百姓避免災禍、挽救損失的故事。

有一年夏初的一天，晴空萬里，豔陽高照，黃鸝歡唱，蟬鳴蝶舞。鬼谷子突然對孫臏和龐涓說：「很快要漲大水啦，你們馬上分頭下山，告訴四周百姓，加固房屋，囤好糧食，以防水淹。」孫臏、龐涓面面相覷，半信半疑，又不敢多問，只好遵命下山。

三天後，天氣果然驟變。悶雷滾滾，大雨傾盆，山洪暴發，大地變成一片汪洋。幸虧鬼谷子事先告訴了百姓，才免遭一場災禍。百姓感激鬼谷子，孫臏、龐涓也更加敬重他。但是他們卻不知其中的奧妙，於是便向鬼谷子求教。

鬼谷子告訴他們，自己並非神仙，也不會料事如神，只是透過常年觀察天象總結出了一些規律。在漲大水之前，早晨的天空會昏黃一片。這說明遠處已有大水，陽光一照，水面的顏色反射到天空是昏黃色，因此可以斷定，不久就要發洪水。

又有一次，鬼谷子正和孫臏、龐涓一起散步，這時，一絲風也沒有，只見藍藍的天上白雲朵朵，恰似屋頂上片片青瓦，鬼谷子料定這一年將大旱。於是立即命孫臏、龐涓下山告訴百姓，今年是個旱年，平時多儲水，準備防旱；要多種耐旱作物，確保收成。事後又一次證明鬼谷子判斷無誤。

至今，鬼谷子總結出的「早看天昏黃，遍地成海洋」和「靜雲如瓦片，天將大旱」仍為百姓謹記。

見微知著可使自己在處世時像鬼谷子一樣，有前瞻性，能未雨綢繆、防患未然，有利於事情的可持續發展。那麼，怎樣才能見微知著呢？

善於見微知著，首先要有獨到的眼光，學會細心觀察。察己可以知人，察今可以知古，審堂下之陰，而知日月之行，陰陽之變；見瓶中之冰，而知天下之寒，魚鱉之藏。

善於見微知著，還要有開闊的思維，豐富的聯想。牛頓透過蘋果落地，發現了地球的萬有引力定律。哥白尼透過太陽的東昇西落這種司空見慣的現象，提出了「太陽中心說」；畢昇透過雕刻、燒製印章發明了活字印刷術；萊特兄弟透過翱翔天空的大鳥，發明了穿洋過海的飛機。

社會在不斷發展，各種新事物、新現象層出不窮，需要我們盡快的了解它們，把握它們，以為我所用。這就需要我們掌握科學的方法，以小見大，見微知著，迅速認清它們的本質。

【知古通今】

西元前一五八年，匈奴結集重兵大規模地進犯漢朝北部邊境。漢文帝任命劉札為將軍，駐軍霸上；任命徐厲為將軍，駐軍棘門；任命周亞夫為將軍，駐軍細柳，命令他們分別守衛京城長安附近三個策略要點，防備匈奴進攻。

後來，文帝親自去慰勞軍隊，來到霸上和棘門軍營的時候，勞軍的車駕都是長驅直入，毫無阻攔，將軍以下的軍官都騎著馬迎進送出。但文帝來到細柳軍營時，情況就大不一樣：軍官和士兵都披著鎧甲，手裡拿著擦得雪亮的刀槍，張開了弩搭上箭，戒備森嚴。

文帝的先行官吏來到營門，門衛不讓他們進去。那些先行官吏說：「皇上就要到了！」但守衛營門的都尉說：「將軍有令，軍中只聽將軍的命令，不聽皇上的命令。」

過了一會，文帝的車駕到了，卻也照樣被擋住不能進去。於是，文帝派使者拿了符節憑證進營去向將軍周亞夫傳詔令：「我要進軍營慰勞將士。」周亞夫得知後才下令打開營門，放車駕進來。進營的時候，守衛營門的軍官鄭重地對文帝的隨從人員說：「將軍有規定，軍營內，車馬不許奔跑。」文帝聽了，只好吩咐放鬆馬的轡繩，慢慢地走著。

文帝來到中軍營帳，只見將軍周亞夫全副戎裝，手執兵器，威風凜凜地站在那裡。他見了文帝，只拱手表示歡迎，說：「戎裝在身，禮不下拜，請允許我以軍禮面見皇上。」文帝聽了，大為震動，在車上嚴肅地進行答禮。

慰勞完畢，文帝離開軍營。出了細柳軍營門，隨從的官員都感到十分氣憤，文帝卻讚歎地說：「這才是真正的將軍。前些時候，我看到霸上和棘門兩處的隊伍，就像兒戲一般！」過了一個多月，邊境情況好轉，這三路大軍都撤離了，文帝就任命周亞夫為中尉，負責京城的治安。

評析：

文帝從軍營的細微之處發現，周亞夫治軍嚴謹，可堪大用，並很快就對他委以重任。後來的事實證明，文帝的判斷是正確的。周亞夫不久就被後來的景帝提升為太尉，順利平定「八王之亂」，並因戰功卓著而顯赫一時，官至丞相。

【連結共享】

因化說事，通達計謀，以識細微。

——《鬼谷子．抵巇》

順應事物的變化，謀劃符合實際、設計到位，這樣才能認識事物的細微之處。

鬼谷子觀天

事情雖然還未顯露出來，它的細微跡象卻已露出。

聖人見微以知萌，見端以知末，愚昧無知的人則視若無睹。比如煙窗安裝不當，將召來火災，而燕雀卻怡然自得，不知大禍將臨頭；聖人透過天象的細微之處發現即將大變的天氣，從而早作準備，防患未然。

八 剛柔並濟，無往不勝

鬼谷子曰：「故聖人之在天下也，自古及今，其道一也。變化無窮，各有所歸，或陰或陽，或柔或剛，或開或閉，或弛或張。」（語出《鬼谷子·捭闔》）聖人在世界上的作用始終是一樣的。事物的變化是無窮無盡的，然而都各有自己的歸宿：或者屬陰，或者歸陽；或者柔弱，或者剛強；或者開放，或者封閉；或者鬆弛，或者緊張。

剛能勝柔，強能勝弱，但柔也能制剛，弱也能制強。所以，行事應剛柔並濟。

或陰或陽，或柔或剛，或開或閉，或弛或張。——《鬼谷子‧捭闔》

鬼谷子曰：「變化無窮，各有所歸，或陰或陽，或柔或剛，或開或閉，或弛或張。」

——語出《鬼谷子‧捭闔》

剛柔並濟，無往不勝

做人做事，要學會剛柔並濟、軟硬兼施，這才是有「心眼」的處世哲學。柔，體現了友善、涵養、通情達理；剛，則顯示了尊嚴、原則和力量。

鬼谷子的弟子張儀即從〈捭闔〉中學得了剛柔、張馳的真義。

張儀為破壞合縱聯盟，自告奮勇去楚國遊說楚懷王與齊斷交。他決定先來軟的，以利誘之。

張儀對楚王說：「如楚與齊絕交，則秦王不但願意與楚永世通好，而且願將商於的六百里土地歸還於楚，還將在秦宮挑選美女送來，服侍大王。」

一心想得到六百里地與美女的楚王聽不進大臣們的逆耳忠言，他反駁道：「寡人不費一兵一卒，坐而得地六百里，為何不可？」

接著，楚軍在秦、齊兩國聯軍的夾擊下連戰敗北，損兵折將，十萬大軍只剩下兩萬，並且韓、魏也趁火打劫。

秦對楚發兵之時，張儀又對懷王進行威逼利誘：「秦國土地占天下一半，兵力可抗天下諸侯。秦國大軍西出，可席捲列國。諸侯合縱之軍，如驅群羊而攻猛虎，自取滅亡。大王不參加猛虎陣營反而和群羊為伍，豈不可嘆？秦國如要攻楚，水陸並進，三個月之內，就可以直搗郢都；列國即使願意援楚，半年之後才能到達，遠水救不了近火！楚國寄希望於弱國援救，而忘記強秦之禍，臣深為大王擔憂。若大王能聽臣之言，與秦結好，退出合縱之約，可保楚長存久安。如大王不信，臣可以說服秦王送秦太子到楚國作人質，將秦國的公主嫁給大王，大王也可將楚太子送到秦國作人質，兩國永結兄弟之盟。臣奉秦王之命向大王陳肺腑之言，獻秦、楚百世齊昌之策，請大王裁決。」

向遊說楚王一樣，張儀在推行其連橫的外交政策時，無時無刻不是剛柔並濟軟硬兼施。他每遊說一位國君，都是要麼先來硬的，進行威脅，待對方被震懾住了，就又換一種溫和的態度進行安慰；要麼先來軟的，進行利誘，等到對方得意忘形時，又予以震懾、打擊。

剛柔並濟、軟硬兼施是鬼谷子〈捭闔〉中的重要謀略。這種兩手都要硬的處事方略符合矛盾的辯證法，掌握了它，往往能在各種棘手的問題面前應付自如，無所不勝。

【知古通今】

戰國時期，燕國常遭到齊國的攻擊。後來，燕昭王即位，設「黃金之台」，廣招人才，準備報仇。而齊泯王卻蒙在鼓裡，聽從燕王間諜蘇秦之謀，攻占宋國，引起了諸侯的恐慌。燕昭王趁機聯合秦、趙、韓、魏，合舉大兵攻齊。半年時間，齊國除莒城、即墨兩城外，其餘七十餘城盡被燕將樂毅率領的聯軍攻占。

固守即墨的守將是田單，他是個很懂得計謀權術的人。他指揮軍民共同固守，使樂毅打了三年，也沒攻下來。等到燕昭王去世，燕惠王即位後，田單派人去燕都施「反間計」，讓燕惠王用武夫騎劫代替了老謀深算的樂毅。田單又施「剛柔弛張」計，用「軟的一手麻痺燕軍。他派城中老者到城外騎劫大營獻上黃金，說城中糧草將盡，兵員大減，守城者多為老弱婦孺，田單已準備投降。同時，田單又派人準備了一千頭牛，給牛畫上怪異花紋，犄角綁上尖刀，尾巴拴上浸了油膏的葦草。又挑選了五千名壯士，讓他們吃飽待命。

燕軍聽說齊人準備投降，便放鬆了警惕。深夜，田單令人鑿開城牆，打開城門，點起牛尾巴上的油草。牛被燒疼了，瞪圓眼睛，衝出城外，見人就挑。燕軍從睡夢中驚醒，只見一群怪物頭頂尖刀衝來，嚇得扭頭就跑。五千壯士跟在牛後面掩殺過去。燕兵抱頭鼠竄，潰不成軍。田單順勢一口氣收復了齊國丟失的七十餘城，恢復了齊國。

評析：

「火牛陣田單復齊」是剛柔並濟軟硬兼施的典型事例。靈活運用「柔」、「剛」、「開」、「閉」、「弛」、「張」，可時柔時剛、時張時弛、時軟時硬，或以柔克剛、或以軟敵硬、或以逸待勞，聰明的田單雙管齊下，「剛」、「柔」兩手抓，成功匡復了齊國。

【連結共享】

故聖人之在天下也，自古及今，其道一也。變化無窮，各有所歸，或陰或陽，或柔或剛，或開或閉，或弛或張。

——《鬼谷子．捭闔》

所以，聖人在世界上的作用始終是一樣的。事物的變化是無窮無盡的，然而都各有自己的歸宿：或者屬陰，或者歸陽；或者柔弱，或者剛強；或者開放，或者封閉；或者鬆弛，或者緊張。

九　抓住問題的關鍵

鬼谷子曰：「是故聖人一守司其門戶，審察其所先後，度權量能，校其伎巧短長。」（語出《鬼谷子．捭闔》）聖人要始終把握事物發展變化的關鍵，度量對方的智謀，測量對方的能力，再比較技巧方面的長處和短處。

矛盾分為主要矛盾和次要矛盾，主要矛盾對事物的發展起決定作用，所以，我們在處理問題時就要抓主要矛盾，抓問題的關鍵。

鬼谷子曰：「是故聖人一守司其門戶，審察其所先後，度權量能，校其伎巧短長。」

——語出《鬼谷子．捭闔》

抓住問題的關鍵

古往今來，智者立身處世都以趨吉避凶為最高目標，看問題、處理事情都力求抓核心、把握事物的關鍵。因為只有把握了事物的關鍵，才能對症下藥。

鬼谷子認為，做事要把握住關鍵。聖人們與常人不同，他們不局限於事物的表象，而是深入事物內部，把握事物的核心，抓住事物的關鍵，揭露事物的本質，並預見事物的發展。他們對問題有良好的洞察力，能深入地把握事物的關鍵屬性，把握事物的內因、外因及因果之間的轉換，做出客觀正確的反應。

鬼谷先生的得意門徒張儀之所以能夠一而再、再而三地欺騙楚懷王，就在於他能始終抓住人物背景之後的利害關係。他的目的就是說服楚懷王放棄合縱、背棄盟國而事強秦。

當初，秦王問張儀如何破解合縱聯盟，他回答說：「魏國離秦國最近，燕國離秦國最遠，可先從這兩個國家入手。過去秦國曾占領魏國的襄陵等七城，現在全部無條件奉還，魏王一定感激大王，與秦講和。同時大王可將女兒許配給燕太子為妻，兩國締結姻親之好。只要魏、燕與秦結好，秦國自然就可打破孤立局面，以後再徐圖進取。」

張儀當即遣使赴魏、燕，將上述情況通報兩國國君，魏國和燕國國君貪圖眼前利益，果然與秦國通好，合縱之盟遂出現裂痕。

在這番話中，張儀找準了拆散合縱之盟的突破點，從與秦國相距最近的魏國和相距最遠的燕國入手，順利地將六國合縱切斷了。

張儀計破合縱的故事告訴我們，理清動機、有的放矢，才能不走彎路，直接抓住問題的關鍵。

另外，鬼谷子還強調「持樞」。「持」就是把握、掌握，「樞」即樞紐、中樞，也就是關鍵所在。「持樞」就是要掌握事物的關鍵，遵循事物的發展規律，抓住其中起決定作用的關鍵所在，從而做出正確的決策。相反，「鬍子眉毛一把抓」，不僅會大大影響辦事效率，還會將事情越弄越亂。

【知古通今】

劉備新亡，稱帝不久的曹丕乘機聯絡五路大軍伐蜀，想成就統一大業。這五路兵馬是：一、遼西羌兵十萬，先從旱路取西平關；二、南蠻王孟獲起兵十萬，攻打益州、永昌等郡；三、孫權起兵十萬，攻兩川峽口，逕取涪城；四、降將孟達起上庸兵十萬，西攻漢中；五、曹軍以大將軍曹真率兵十萬，攻打陽平關。

五十萬兵馬五路來犯，蜀國聞此消息，上下惶恐不安，傾國之危，迫在眉睫。而此時，諸葛亮卻推病不上朝，數日閉門不出。這可急壞了眾君臣。

無奈，後主劉禪親自去丞相府探望，卻見諸葛亮正在池邊悠閒地觀魚。原來諸葛亮這幾日正閉門考慮退兵之策。他告訴焦急萬分的後主：「陛下不必憂心，四路大軍我已退了。唯東吳一路，我正考慮派誰作使者前去，退之容易！」劉禪一聽大喜，這才放下心來。

真是神了！諸葛亮安居不動就能退數十萬大軍？原來諸葛亮不願泄密，故瞞住了朝中百官，而他實際上已在運籌帷幄、暗地裡調動兵馬，以不同方法去震懾各路來犯敵軍。諸葛亮究竟是怎樣安然使五路敵軍退卻的呢？

蜀大將馬超世居西川，在羌人中威信極高，被稱為「神威天將軍」。諸葛亮星夜傳檄，令馬超伏四路奇兵，鎮守西平關。西番兵擊西平關，見到馬超，不戰自退，嚇回去了。這是第一路兵馬。

南蠻孟獲兵馬強悍，但他們生性多疑。諸葛亮派人飛報大將魏延，令他率領一軍左出右入、右入左出，以疑兵之計阻擊孟獲。孟獲見到蜀兵四處調動，以為主力兵馬在此，便撤退回洞了。這是第二路兵馬。

叛將孟達，諸葛亮了解到他與李嚴曾結生死之交，故派人送了一封李嚴的親筆勸誡信給孟達。孟達接到信後，兵馬走到半路，「忽然染病不能行」。這是第四路兵馬。

陽平關地勢險要，一夫當關，萬夫莫敵。諸葛亮遣趙雲引一軍把守，守而不戰。曹真率大軍無法攻破，只好折道而回。這是第五路兵馬。

第三路東吳之兵，諸葛亮後來派鄧芝為使者前去遊說孫權。鄧芝從容不迫，向孫權陳述了聯蜀抗魏的利害，孫權為之所動，又見其他幾路兵馬都不戰而敗，他乾脆不發兵。

一場氣勢洶洶五路兵馬同時來犯的危機，就這樣輕而易舉地被諸葛亮兵不血刃地消解於無形了。

評析：

五路強敵來犯，大軍壓境之時，諸葛亮之所以能輕易地將危機化解於無形，就是因為他知己知彼，抓住了對手的要害：蠻兵多疑、羌人敬馬超如神、東吳首鼠兩端、孟達叛將之心不堅定、曹真進兵受困於天然屏障。諸葛亮安居平五路的故事告訴我們，處理問題時如能抓住關鍵、抓住要害，一切困難都會迎刃而解。

【連結共享】

粵若稽古，聖人之在天地間也，為眾生之先。觀陰陽之開闔以命物。知存亡之門戶，籌策萬類之終始，達人心之理，見變化之朕焉，而守司其門戶。

——《鬼谷子．捭闔》

綜觀古今歷史，可知聖人生活在世界上，就是要成為眾人的先導。透過觀察陰陽兩類現象的變化來對事物作出判斷，並進一步了解事物生存和死亡的途徑。計算和預測事物的發展過程，通曉人們思想變化的規律，揭示事物變化的徵兆，從而把握事物發展變化的關鍵。

故聖人立事，以先知而揵萬物，由夫道德、仁義、禮樂、忠信、計謀。

——《鬼谷子．內揵》

所以，聖智人士謀事決策，都是憑著先掌握訊息而控制萬物，進而順合道德、仁義、禮樂、忠信、計謀的種種規範。

十 防微杜漸

鬼谷子曰：「巇者，罅也。罅者，澗也。澗者，成大隙也。」（語出《鬼谷子·抵巇》）所謂「巇」，就是「瑕罅」，而「罅」就是容器的裂痕，裂痕會由小變大。

人們常因忽略微小的事情而造成禍患。如果從小處著手，在禍患處於萌芽狀態時注意防止並消除它，就能夠消除禍患，使情況好轉。

鬼谷子曰：「巇者，罅也。罅者，澗也。澗者，成大隙也。」

——語出《鬼谷子·抵巇》

防微杜漸

「防微杜漸」有兩層含義，一是防止對微小的忽略，二是杜絕在漸近中演變。「微」即細小，就像螻蟻洞穴很小，一般不引人注意。但是，小蟻穴的危害卻極大。「漸」即緩慢，是一種從量變到質變的過程，這種過程進展緩慢，也不易使別人察覺。但一旦達到一定程度，便往往已病入膏肓，回天乏術。

鬼谷子認為，小的裂痕可以釀成大的缺裂，當某一事物出現了微小的裂痕時，若不及時採取措施去堵住它，任其發展擴大，最終就可能導致完全潰敗。

東漢和帝時，竇太后執掌朝政大權，竇憲兄弟便倚仗權力，為非作歹。官員中有的奉承拍馬，有的敢怒不敢言。只有一個叫丁鴻的官員，藉著天上出現日食的機會向皇帝上了份奏章，說：「日為君，月為臣，日食的出現，就好像是臣子在侵奪皇上的權力。現在竇氏兄弟權勢很大，如果皇上能親自處理朝政，把一切壞人壞事消滅在萌芽狀態，那麼凶殘的禍源就可以除去，吉祥的事便會接連而來。」

這就是「防微杜漸」的由來，它是指在錯誤或壞事剛出現的時候，就加以制止。

在第一時間發現並及時填補好小洞至關重要。如果對事物的潛在問題和薄弱環節不夠重視，不勤於查漏補缺，忽略跡象、徵兆、苗頭等，就會造成不可避免的災難，正所謂「船到江心補洞遲」。

失敗常因為僥倖，成功常源於認真。大風起於青萍之末，未雨綢繆，防患於未然，以高度的責任感和嚴謹務實的態度把握細節，防微杜漸，如此做事才能收到好的效果。

古訓云：「知幾其神。幾者，動之微，吉凶之先見者也。君子見幾而作，不俟終日。」即是說，大凡能夠從細微處看出問題的人，一定有大智慧。

「微」，意為極小的動態，也是某個問題出現的徵兆。日常生活中，那些有見地的人，總能對微小的變化做出及時的反映。他們善於在事態萌芽之時，做到洞若觀火，從根本上遏止禍患。這正是他們比別人高明的地方。

「防微杜漸」是人們都應具備的安全超前意識。而要真正做到防微杜漸，就應有敏銳的觀察能力和正確的判斷能力，能找出真正的「微」和必須杜絕的「漸」，並及時採取應對措失，如此才能從根本上防止千里大堤因蟻穴而潰。

【知古通今】

對鐵達尼號的沉沒之謎，歷來說法不一，來自美國國家技術監督局的幾位科學家也有他們獨到而頗有根據的見解。

他們的結論讓人覺得不可思議。他們認為，導致鐵達尼號災難的罪魁禍首是連接船體各部分的固定鉚釘，這些鉚釘竟然是用摻有礦渣的劣質金屬製成的。

美國國家技術監督局的冶金學專家蒂莫斯．福克稱，在正常情況下，鐵達尼即使撞上冰山也可以在海面漂浮至少十二小時；如果損傷狀況並不嚴重，它甚至可以勉強駛回港口。但是，科學家們在利用顯微鏡和圖像分析儀對巨輪殘骸進行研究後發現，製造鉚釘使用的鋼鐵質地極其不純，其中的礦渣含量竟然超過了標準鋼材的兩倍。

根據冶金學理論，這種過量的不純物質使得鉚釘在劇烈的撞擊過程中很容易發生斷裂。福克說，哪怕當時鐵達尼六個水密艙中的一個沒有因為碰撞而進水，就還有足夠的時間等待救援船隻的到來；如果其中的兩個船艙得以保全，鐵達尼號至少可以勉強駛回港口。但是六個水密艙全都不可思議地漏了，最終導致該船在兩小時之內迅速沉沒。

事實上，早在一九九六年年初，法國幾名潛水員就已發現，鐵達尼號上只殘留著六個大小相差無幾的裂縫，而且裂縫都在位於船艙接口處本應由鉚釘固定的位置。也許正是這幾名潛水員的發現，最終將科學家們的注意力集中到了本來並不起眼的鉚釘身上。

另外，有關鐵達尼號沉船的這個新結論，也與當時海難的目擊者、一位僥倖生還的船員事後的描述基本吻合，這位船員稱他親眼看到海水從各個船艙之間的連接位置噴湧而入。

評析：

僅僅是因為製造鉚釘使用的鋼材不純偷工減料，就造成了鐵達尼號這艘豪華巨輪的沉沒。現實生活中，這類小錯誤鑄成大損失大悲劇的例子不勝枚舉。在人際交往中，不經意的一句玩笑話，不得體的一個微小舉動，都有可能破壞往日的友誼，亦或幫助化解糾紛矛盾，使反目成仇的朋友盡釋前嫌重拾舊好。這不得不引起我們的重視。

【連結共享】

巇始有朕，可抵而塞，可抵而卻，可抵而息，可抵而匿，可抵而得，此謂抵巇之理也。

——《鬼谷子．抵巇》

在裂痕剛剛出現時，可以透過「抵」使其閉塞，可以透過「抵」使其停止，可以透過「抵」使其變小，可以透過「抵」使其消失，可以透過「抵」而奪取器物。這就是「抵巇」的原理。

天下紛錯，上無明主，公侯無道德，則小人讒賊，賢人不用，聖人竄匿，貪利詐偽者作，君臣相惑，土崩瓦解而相伐射，父子離散，乖亂反目，是謂萌牙巇罅。

——《鬼谷子．巇罅》

天下紛亂，地上沒有明君，公侯權臣不講仁德，於是小人讒害聖賢，賢者得不到重用，聖人逃避濁世，貪婪奸邪之徒興起作亂，君臣互相欺騙迷惑，天下土崩瓦解，相互攻伐，父子離散不合，反目為仇，這就叫「萌芽巇罅」，即社會政治混亂逐步發展。

十一 與人交往要知己知彼

鬼谷子曰：「皆見其權衡輕重，乃為之度數，聖人因而為之慮。其不中權衡度數，聖人因而自為之慮。」（語出《鬼谷子·捭闔》）所有這些都是為了使對方的實力和計謀全部暴露出來，以便探測出對方各方面的程度和數量。聖人會因此而用心思索，假如不能探測出對方的程度和數量，聖人會為此而自責。

知己知彼，方能百戰不殆。一個人要想在為人處世中遊刃有餘，要想在事業上取得成就，就必須擁有敏銳的觀察力。

鬼谷子曰：「皆見其權衡輕重，乃為之度數，聖人因而為之慮。其不中權衡度數，聖人因而自為之慮。」

——語出《鬼谷子．捭闔》

與人交往要知己知彼

《孫子兵法》云：知己知彼，百戰不殆。在日常生活中，我們與人交往也是一樣，單單認識自己的能力、性格、好惡，仍是很難同別人進行良好的溝通的。

鬼谷子認為，別人的計畫好就支持，幫助他完善；不好就自己謀劃。在了解了對方的情志、誠心以及謀略措施之後，就要分析考慮對方的情志、誠心以及謀略措施是於我有利還是於我不利，或者與我有利益衝突。若於我有利，就幫他完善謀略措施；若於我不利甚至與我有利益衝突，則需要另行謀劃，使對方改變計畫以便於我有利。

這即是告訴我們，在待人處世時應做到知己知彼，「見什麼人說什麼話」，對不同的人運用不同的交往之道，如此才能事事順遂。

智者常懂得「該文即文，該俗即俗」，根據對象的不同而採取不同的言語方式，所以不會製造對立，產生麻煩，並對自己有利；而愚者卻往往把這種靈活性看成是見風轉舵、兩面三刀、曲意奉承，他們說話不分對象，心裡想什麼，就直接說出來。結果常常事與願違，說者無意，聽者有心，在不知不覺中得罪了許多人，無形中給自己製造了很多不必要的麻煩，甚至造成無可挽回的後果。

唐高宗李治要立武則天為皇后，卻遭到長孫無忌、褚遂良等一大批元老大臣的反對。一天，李治又召見他們商量此事。

褚遂良說：「今日皇上召見我們，必定是為皇后廢立之事，皇上既然決心已定，要是反對，必有死罪，但我既然受先帝的託付輔佐陛下，不拚死一爭，還有什麼面目見先帝於地下呢？！」

徐世勣同長孫無忌、褚遂良一樣，也是顧命大臣，但他看出，此次入宮凶多吉少，便藉口有病避開了。而褚遂良由於當面爭辯，當場便遭到武則天的斥罵。

過了兩天，徐世勣單獨謁見皇帝。李治問：「我要立武則天為皇后，褚遂良堅持認為不行，他是顧命大臣，若是這樣極力反對，此事也只好作罷了。」

徐世勣明白，反對皇帝自然是不行的，而公開表示贊成，又怕別的大臣議論，便靈機一動，巧妙的回答道：「這是陛下家中的事，何必再問外人呢！」

徐世勣的回答既順從了皇帝的意思，又讓其他大臣無話可說。李治因此而下定了決心，武則天終於當上皇后。以後長孫無忌、褚遂良等人都遭到了迫害，只有徐世勣一直官運亨通。

知己知彼，百戰不殆。在人生的征途上，我們首先需要客觀清醒的認識自己，自我剖析、自我反省、自我完善，不斷提高。同時，更要以樂觀、自信、平和的心態，以警覺與敏銳的眼光認知周圍的人和事，如此方可在人際交往中立於不敗之地。

【知古通今】

諸葛亮失街亭後，北伐處於被動局面，魏將司馬懿乘勢領大軍十五萬向諸葛亮所在的西城蜂擁而來。

當時，諸葛亮身邊沒有大將，只有一班文官，所帶領的五千軍隊也有一半運糧草去了，只剩二千多名士兵在城裡。眾人聽到司馬懿帶兵前來的消息後，都大驚失色。諸葛亮登城樓觀望，對眾人說：「大家不要驚慌，我自有妙計，可讓司馬懿退兵。」

諸葛亮傳令，把所有的旌旗都藏起來，士兵原地不動，如果有私自外出以及大聲喧譁的，立即斬首。又讓士兵把四個城門打開，每個城門派二十名士兵扮成百姓模樣，灑水掃街。諸葛亮自己披上鶴氅，戴上高高的綸巾，領著兩個小書僮，帶上一張琴到城樓上憑欄坐下，然後燃起香，慢慢彈起琴來。

司馬懿的先鋒部隊到達城下，見到此番情景，都不敢輕易入城，便急忙回馬報告司馬懿。司馬懿聽後，笑著說：「這怎麼可能呢？」只令三軍停下，自己飛馬前去觀看。

離城不遠，司馬懿果然看見諸葛亮端坐在城樓上，笑容可掬，正焚香彈琴。左面一個書僮，手捧寶劍；右面也有一個書僮，手裡拿著拂塵。城門裡外，二十多個百姓模樣的人在低頭打掃，旁若無人。

司馬懿看後，疑惑不已。稍後，他來到中軍，把後軍充作前軍，前軍作後軍撤退。其次子司馬昭說：「莫非是諸葛亮手中無兵，故意弄出這個樣子來？父親您為什麼要退兵呢？」

司馬懿說：「諸葛亮一生謹慎，不曾冒險。現在城門大開，裡面必有埋伏，我軍如果進去，正好中了他的圈套。還是快快撤退吧！」於是領各路兵馬退了回去。

見魏軍遠去，眾官員不解地問諸葛亮：「司馬懿乃魏國名將，今統率十五萬精兵來犯，為何見了丞相便慌忙撤退？」

諸葛亮說：「他料定我平生謹慎，從不冒險，見我如此鎮定，懷疑有重兵埋伏，所以退去。我並非在冒險，是不得已而為之啊！」

評析：

諸葛亮設計之妙，並不在於其膽大，而在於其能針對不同對手施展不同計謀，如果對手不是謹慎的司馬懿而是許褚、于禁等猛將，諸葛亮就絕不會使用空城計了。這正是《孫子兵法》所謂「知己知彼、百戰不殆」的妙用。

【連結共享】

開而示之者，同其情也；闔而閉之者，異其誠也。可與不可，審明其計謀，以原其同異。離合有守，先從其志。

——《鬼谷子．捭闔》

開放使其顯現，是因為情趣相同；封閉使之隱藏，是因為誠意不一樣。要區分什麼可行，什麼不可行，就要把那些計謀研究明白。計謀有與自己不相同的，有與自己相同的，必須有主見，並區別對待，也要注意順從對方的意志。

十二 行事要周密

鬼谷子曰：「即欲捭之，貴周；即欲闔之，貴密。周密之貴微，而與道相追。」（語出《鬼谷子．捭闔》）如果要開放，最重要的是考慮周詳；如果要封閉，最重要的是嚴守機密。由此可見周全與保密的重要，應當謹慎地遵循這些規律。

事以密成，語以泄敗。人最難做到的就是守密，越是有大的機密，越是想一吐為快。這是行事的大忌。

鬼谷子曰：「即欲捭之，貴周；即欲闔之，貴密。周密之貴微，而與道相追。」

——語出《鬼谷子．捭闔》

行事要周密

做任何事情，沒有縝密的計畫和周全的安排，只靠一時熱情是很難成功的。做事越周密越好。智者做事總是精於謀劃，暗中行事，策略從不暴露，意圖亦不為人所不知。鬼谷子曰：「即欲捭之，貴周；即欲闔之，貴密。」他認為，使用捭闔之術離不開暗中謀劃，而且這種謀劃尤其要周密。就是表面上要低調，要不動聲色不露痕跡，只有這樣，才能與陰陽之道合而無隙。

秦朝滅亡之後，項羽和劉邦之間的「楚漢爭霸」便揭開了的序幕。項羽和劉邦曾在反秦戰爭中約定，先攻入咸陽者為王。西元前二〇七年，劉邦先入咸陽，但懾於項羽人多勢眾，只好封存秦的府庫，退出咸陽，駐兵霸上。

項羽入咸陽後，放火燒掉阿房宮，自封「西楚」霸王，封劉邦為漢王，又分別封降將章邯、司馬欣、董翳為雍王、塞王、翟王，稱為三秦，統治關中，以御劉邦入秦。

劉邦入漢中時，採用著名謀士張良的建議，燒毀了棧道。「棧道」是從關中翻越秦嶺，南通漢中、巴蜀的古代交通要道，由秦嶺古道、褒斜道、連雲棧道組成。全長二百五十公里，架於懸崖絕壁和泥沼之地。「陳倉」是渭河北岸的陳倉古渡口。棧道在關中的出口斜谷關距陳倉古渡約七十公里。

西元前二〇六年，劉邦手下大將韓信用「明修棧道，暗渡陳倉」之計開始軍事行動。韓信先派樊噲、周勃率兵一萬佯修已被劉邦進漢中時燒毀的棧道，擺出要從斜谷出兵的架勢，章邯聞訊立即加強斜谷防禦。同時，韓信率大軍西出勉縣轉折北上，順陳倉小道入秦川，渡渭河於陳倉古渡口，倒攻大散關。章邯急忙率軍趕到陳倉城，與韓信激戰。此時，明修棧道的樊噲、周勃也出斜谷，與韓信會師。章邯兵敗自殺，司馬欣、董翳先後投降，劉邦遂定三秦。從此，關中成了劉邦打敗項羽、統一天下的基地。

劉邦行事周密，不露痕跡地醞釀著自己奪取漢中的計謀，等項羽明白時，三秦已盡入囊中，漢中歸於己有。「明修棧道，暗渡陳倉」不但行事隱祕，而且主動用假象去迷惑對方，使自己在暗中施行的計畫更不易被發覺，如此周密的行動布署，想不成功都難。

鬼谷子曰：「動作言默，與此出入；喜怒由此以見其式；皆以先定為之法則。以反求覆，觀其所託，故用此者。」即是說，評判的標準必然是根據自己的閱歷和謀劃事先定好的。所以「己審先定以牧人，策而無形容，莫見其門，是謂天神。」只有先瞭然於胸，用的時候才能成功。自己首先確定鬥爭策略，再以此來統領眾人，策略要不暴露意圖，讓旁人看不到其門道所在，這才可以稱為「天神」。

當前，社會競爭越來越激烈，不論是大到國家之間的競爭，還是小到個人之間的紛爭，想要立於不敗之地，就必須暗中謀劃，周密行事。

【知古通今】

赤壁之戰前夕，孫、劉聯合欲用火攻破曹，但風向不對，周瑜心急如焚，病倒在床。

諸葛亮觀天象料定某日必有東南風，便在探望時給周瑜開了一個藥方：欲破曹公，宜用火攻。萬事俱備，只欠東風。周瑜果然「藥」到病除，然殺孔明之心頓起。

諸葛亮順周瑜之意，讓魯肅陪著一起去選擇借東風的祭壇——七星壇的最佳位置。諸葛亮已暗中決定把七星壇建在南屏山下，卻故意先往相反方向的西山而去，以示自己事先並無定見，要經過實地勘察後方能確定。因為他知道魯肅一定會把這些情況告訴周瑜。

魯肅捋著三綹清鬚，仰首觀望，只見兩邊峭壁陡立，峰巒入雲，左山不可翻，右山不可攀，前面便是南屏江。七星壇建在此處，恰似籠中飛鳥，釜底游魚。倘若借不到東風，諸葛亮插翅難飛。

這天，諸葛亮沐浴齋戒，身披道衣，跣足散髮，來到壇上開始作法祭風。孔明一日上壇三次，下壇三次，卻並不見有東南風。是日近夜，天色晴明，微風不動。直到三更時分，忽聽風聲驟起，旗幡轉動。周瑜出帳看時，旗帶竟飄西北，東南風已然大起。

待東南風大起之後，諸葛亮早已下壇來到江邊，乘趙雲前來接應的小船，離開周瑜營寨，回劉備所在的夏口去了。

評析：

諸葛亮處心積慮要把七星壇建在插翅難飛的南屏山下，一是讓周瑜放鬆警惕；二是此地能第一時間察覺東風，為逃逸爭取時間；三是此地能順江下船，從水路逃走。諸葛亮謀劃妥當後仍沒有大意，而是更加謹小慎微、周密行事，從七星壇的選址、建設、布置到施法都一絲不苟，這也是為了故弄玄虛、掩人耳目，為了使他暗中的謀劃萬無一失地進展。

【連結共享】

動作言默，與此出入；喜怒由此以見其式；皆以先定為之法則。以反求覆，觀其所託，故用此者。

——《鬼谷子．反應》

對方的動作、言語、口氣，都可以用這個方法去考察。對方的一喜一怒，都可以用這些方法去發掘原因。這些方法都是探測別人的既定準則，是考察別人的依據。要在反覆探索中觀察對方言辭中寄託著的真情，就要用這些準則和依據。

計謀之用，公不如私。私不如結，結比而無隙者也。

——《鬼谷子．謀篇》

計謀的運用，公開策劃的不如暗中謀劃的，暗中謀劃的不如同心相結，結為朋黨就會親密沒有間隙。

十三 與人相處要推己及人

鬼谷子曰：「故知之始己，自知而後知人也。」（語出《鬼谷子·反應》）要想了解別人，應先從自己開始，只有先了解了自己，然後才能了解別人。

每個人在社會上都不是孤立的，周圍有許多與自己共同生活、工作的人。如果能相處融洽，就能事業成功，生活幸福。而推己及人，正是實現人際關係融洽的關鍵所在。

鬼谷子曰：「其相知也，若比目之魚；其見形也，若光之與影；其察言也不失，若磁石之取鐵，如舌之取燔骨。」

——語出《鬼谷子・反應》

與人相處要推己及人

推己及人，將心比心，設身處地地為別人著想，是待人處世的根本原則之一。鬼谷子認為，要想了解別人，應先從自己開始，只有先了解自己，然後才能了解別人。即只有先充分地了解自我，才能夠以此作為標準去了解別人。這就是我們常說的「推己及人」。

推己及人，顯示了寬容體諒的道德情操。清代著名畫家鄭板橋五十二歲得子，鍾愛之情自不必說。而且，鄭板橋由愛自己的兒子推及到愛僕人的兒女。他在山東做官時，曾在給鄭墨的家書中寫道：「僕人兒女，總是天地間一般人，當一般愛惜，不可使吾兒凌虐他。凡魚飧果餅，宜均分散給，大家歡喜雀躍。」鄭板橋推己及人的做法，充分體現了他與人為善的道德情操。

那麼，怎樣才能做到推己及人呢？

要做到推己及人，首先要做到「己所不欲，勿施於人」。無論做什麼事，都要以自己的感受去體會別人的感受，以自己的處境去想像別人的處境；把自己放在對方的位置上，將心比心，設身處地為對方著想。比如，你不喜歡別人傷害你的自尊心，你就不要去傷害別人的自尊心；你不喜歡別人欺負你，你就不要欺負別人；你不願意有聲音干擾你讀書學習，別人讀書學習時你的動作就要放輕。總之，如果能從別人的角度著想，就不難找到妥善處理問題的方法，這樣，自己就會成為一個通情達理的人。

要做到推己及人，還要做到「己欲立而立人，己欲達而達人」。一個有仁德的人，不但自己要站得住，同時也要幫助別人站得住；不但自己要事事行得通，同時也要幫助別人事事行得通。「君子有成人之美」，就是要成全別人的好事，主動扶持別人成功。這才是推己及人的完美表現。

先賢聖人立身處世，從來都不會以自我為中心，他們總是設身處地為他人著想。的確，「將心比心」是值得宏揚推崇的傳統美德，只有「將心比心」，才能進一步做到「己所不欲，勿施於人」。多站在他人的立場上考慮問題，而不是把自己的立場或觀點強加給別人，這才是謙謙君子的作風。

總之，推己及人是一種廣闊的胸襟和博大的情懷，是每個人都應該擁有的優秀特質。

【知古通今】

美國經濟大蕭條時期，一位十七歲的女孩好不容易才在一家高級珠寶店找到了一份銷售員的工作。

聖誕節的前一天，店裡來了一位三十歲左右的貧民顧客。他衣衫襤褸，一臉的悲哀、憤怒。他用一種熾熱的目光，盯著櫃台裡那些貴重的高級首飾。

突然，電話鈴聲響了，女孩要去接電話，卻一不小心把一個碟子碰翻，六枚精美的金戒指落到地上。女孩慌忙撿起其中的五枚，但第六枚卻怎麼也找不到。

這時，她看到那個三十歲的男子正向門口走去，頓時，她意識到戒指可能在那裡。

當那位男子的手將要觸及門把時，姑娘柔聲叫道：

「對不起，先生！」

男子轉過身來，兩人相視無言，足足有一分鐘。

「什麼事？」男子問，臉上的肌肉在不停地抽搐。

「什麼事？」他再次問道，充滿著一種說不出來的哀怨的神情。

「先生，這是我好不容易找到的工作，現在找工作很難，不是嗎？」

女孩神色黯然地說著，眼眶中充滿了哀傷的淚水。

男子長久地注視著她。終於，一絲柔和的微笑浮現在他臉上。

「是的，的確如此。」他回答。「但是我想，您在這裡會做得不錯。」他停了一下，又向前一步，伸手與她相握。

「我可以為您祝福嗎？」

女孩微微點頭，可還沒來得及說聲謝謝，男子就轉過身向門口走去。

女孩目送他的身影消失在門外，然後，她轉身走向櫃台，把手中握著的一枚金戒指放回了原處。

評析：

銷售員女孩與衣衫襤褸的男顧客在短短的接觸中，透過幾番將心比心推己及人的心靈交流與對話，最終互相達成了理解與諒解。由此可見，推己及人就是相互理解，相互尊重，它是心靈的握手，猜疑、嫉妒、怨恨、傷害、報復等等，在它面前都不堪一擊。

【連結共享】

其相知也，若比目之魚；其見形也，若光之與影；其察言也不失，若磁石之取鐵，如舌之取燔骨。

——《鬼谷子．反應》

對別人的了解，就像比目魚相併行一樣沒有距離；掌握對方的言論，就像聲音與迴響一樣相符；了解對方的情形，就像光和影子一樣不走樣；偵察對方的言辭，就像用磁石來吸取鋼針一樣萬無一失。

十四 面對缺點，征服自己

鬼谷子曰：「自天地之合離終始，必有巇隙，不可不察也。」（語出《鬼谷子·抵巇》）自從天地之間有了「合離」、「終始」以來，萬事萬物就必然存在著裂痕，這是不可不研究的問題。

一個人或者一個民族，只有勇於正視自己的缺點和毛病，並積極改進，才有強大的機會。

鬼谷子曰：「自天地之合離終始，必有巇隙，不可不察也。」

——語出《鬼谷子·抵巇》

面對缺點，征服自己

金無足赤，人無完人。魯迅先生說：「倘要完美的人，天下配活的人也就有限。」正因為我們每個人都不可能是完人，難免存在各式各樣的缺點與毛病，在做事時冷不防就會出紕漏、犯錯誤，所以我們要面對缺點和不足，征服自己。

「巇」，就是「瑕罅」，「罅」則指容器的裂痕。鬼谷子認為，自從天地之間有了「合離」、「終始」以來，萬事萬物就必然存在著裂痕。而且，就像小溪流終究會匯聚成大河流一樣，裂痕會由小變大。那麼，有了「罅」該怎麼辦呢？鬼谷子說「不可不察也。」即不但要發現，還要制止。

同理，人無完人，每個人都有自己的缺點，所以，即使是孔老夫子那樣的聖人，也要一日而三省乎己。反之，如果我們認為自己身上的毛病、缺點根本微不足道，無須改進，甚至忌諱他人當面指出自己的缺點，那麼我們的小毛病、小缺點就會「積土成山」、「積水成淵」，變成無法修正、彌補的大毛病，最終「病入膏肓」。

人們常說性格決定命運，其實，征服命運就是征服性格，征服自己。更確切地說，就是征服自己的缺點和不足。

一個人或一個民族，只有勇於正視自己的缺點和毛病，才有改進和強大的機會。「知天知地知彼易，知己難」，人可以知道除自己以外的任何事情，就是難以自知。所以每個人都應該有針對性地審查自己在人生觀、世界觀、價值觀、理想信念、宗旨觀念等方面存在的突出問題，自我完善、自我提高，將自己征服。

懂得征服自己是一種清醒，善於征服自己是一種智慧。征服自己是一種自省，自我反省、自我省察，是人生的清涼油；征服自己也是一種自警，自我警惕、自我提醒，是生活的長鳴鐘；征服自己更是一種自省，自我批評、自我糾正，是生命的解剖刀。

總之，征服自己，可以改造主觀世界，促進自我完善和提高，使人真正走向成熟，並贏得一種內在的力量，推動人生走向成功。

【知古通今】

二十世紀初，美國年輕的推銷員金．吉列發明了安全刮鬍刀。刮鬍刀十分熱銷，他也由此創辦了金．吉列刮鬍刀公司。

當金．吉列的刮鬍刀在市場上大紅大紫時，蓋斯門公司沒有像其他競爭者那樣一心想搶在金．吉利公司的前頭，而是不動聲色地尾隨其後，祕密地進行大量而周密的市場調查，收集金．吉列刮鬍刀的弱點。

十七年後，蓋斯門公司推出了一種兩面使用、鋒利安全的刀片，它既能安在蓋斯門公司生產的刀架上使用，又能安在金．吉列公司的刀架上使用。這種刀片進入市場後，很受顧客歡迎。而金．吉列的老用戶，也紛紛改用蓋斯門產品。

競爭對手的突起讓金．吉列公司懊惱不已，他們連忙推出雙面刀片。然而蓋斯門公司立刻避開刀片，又推出既能使用蓋斯門公司的刀片，又能使用金．吉利公司新推出刀片的刀架。

財大氣粗的金．吉列公司忍無可忍，他們推翻了原來的刮鬍刀的整個設計，研製出刀架通用型、刀片雙面刃的刮鬍刀，企圖壓垮蓋斯門這個後生，可誰知蓋斯門又研製出刀架重量輕、雙面不繡鋼刀片的刮鬍刀。

蓋斯門公司三發重重的炮彈，發發打中金．吉列公司的要害。在十多年的較量中，金．吉列公司刮鬍刀的全球市場占有率從最初的百分之九十下降到不足百分之二十五，而百分之七十五的市場則被以蓋斯門公司為代表的後來居上者瓜分。

評析：

蓋斯門公司避開金·吉列公司的風頭，沉著冷靜地蒐集金·吉列刮鬍刀的弱點並加以研究改善。他們有意識地針對金·吉列刮鬍刀的缺點進行創造性改進，因而能接二連三地推出始終比金·吉列刮鬍刀更優質的產品。事實上，人們正是在不斷地發現缺陷，面對缺點並不斷改善的過程中進步的。

【連結共享】

故變生事，事生謀，謀生計，計生議，議生說，說生進，進生退，退生制，因以制於事。

——《鬼谷子．謀篇》

為解決新情況、新問題才產生了謀略。由謀略再產生出計畫。實施計畫一定要交給大家討論、議論，聽取各方意見考慮各方利益。討論、議論中必定產生新的說法、新的計畫。綜合新舊計畫，制定進退有節、進退得宜的實施措施，然後去處理問題，去解決問題。

十五 處事要果斷

鬼谷子曰：「於是度之往事，驗之來事，參之平素，可則決之。」（語出《鬼谷子・決篇》）推測以往的事，驗證未來的事，再參考日常的事，如果可以，就作出決斷。

果斷，是指把經過認真思考的決策迅速明確地表達出來。果斷說明了決策者思維專一、反應敏銳，對訊息的吸收和消化、對經驗的綜合和運用、對未來的規劃和預測，都能在較短時間內完成，並形成明確的指令。

鬼谷子曰：「於是度之往事，驗之來事，參之平素，可則決之。」

——語出《鬼谷子．決篇》

處事要果斷

俗話說，機不可失，時不我待。這即是說面對良機時，應當機立斷，果敢、及時地作出正確的決策。

鬼谷子曰：「故夫決情定疑萬事之機，以正治亂、決成敗，難為者。故先王乃用蓍龜者，以自決也。」因此說，解決事情，確定疑難，是萬事的關鍵。澄清動亂，預知成敗，這是一件很難做到的事。所以古代先王就用筮草和龜甲來決定一些大事。鬼谷子在這裡強調的即是遇事要「決」。

憂柔寡斷、故步自封只會誤事。生活中，機遇隨時都可能降臨，關鍵是當機遇降臨時，人們要當機立斷地抓住機遇，果斷而勇敢地行事。

六國簽訂合縱盟約，秦王深感憂慮。六國的幅員、財富和兵力是秦國的幾倍。如果六國聯合共同抗秦，則秦國再強，也斷難抵抗。

秦王急召相國公孫衍和客卿張儀商議對策。公孫衍也是著名的縱橫家，和蘇秦、張儀齊名。他向秦王獻計道：「合縱是趙國所倡。擒賊先擒王。大王可興師伐趙，看誰出兵相救，然後再移兵攻誰。對趙及救趙者予以猛烈打擊。如此列國都懼怕秦國攻擊，便不敢再出兵救援，縱約之盟立解。」

張儀則反對說：「六國最近簽訂盟約，不可能猝然瓦解。若秦軍伐趙，韓、楚、魏、齊、燕一定會出兵相助。那麼，我國該移兵攻哪一國呢？我認為與其出兵攻趙而無益，不如拉攏幾個國家，使之彼此生疑，從而使合縱聯盟自行潰解。」

秦王權衡了兩種建議的利弊後，更傾向於張儀的言論。於是，秦王待張儀說明如何不用兵而能拆散合縱之盟後，當即下令派使臣趕去魏國和燕國依張儀之計行事。最終，秦國成功打破了孤立局面，找到了打開合縱聯盟、統一六國的金鑰匙。

《史記》云：「當斷不斷，反受其亂。」勇於決斷而又善於決斷者往往謀事可成，秦王正確而果斷的決策正是他成功打開六國合縱的金鑰匙。

趨吉避凶是人的本性之一。人人都希望獲得利益，躲開禍害，正如鬼谷子所說，「去患者，可則決之；從福者，可則決之。」所以，善於決斷還要做到順應人之常情。這就要求我們，在勇於決斷前，必須事先全面參考以前發生的相關事例及其解決方法，充分考慮到前車之鑒，以便理順現在正在發生、亟待解決的事情，將作出決斷的各種可能的後果考慮周全、讓最終作出的決斷更加科學、合理。

最後，尤其需要注意的是，任何一種決斷都必然有利也有弊，但有的決斷利大於弊，有的則是弊大於利，決斷者當然要毫不猶豫地選擇前者了。

【知古通今】

劉邦的軍隊駐紮在霸上，一直沒跟項羽相見。劉邦的左司馬曹無傷就派人去告訴項羽說：「劉邦想占領關中稱王。」項羽得知後非常生氣：「明天出兵，攻打劉邦！」

此時，項羽的軍隊有四十萬人，駐紮在新豐縣鴻門；劉邦的軍隊有十萬人，駐紮在霸上。范增勸告項羽說：「劉邦在山東時，貪圖財物，愛好美色。現在進入關中，財物一點都不要，婦女一個也不親近，他的志向不小啊。我派人去看過他那裡的雲氣，都是龍虎形狀，並呈現五彩的顏色，這是天子的雲氣啊。你要趕快攻打他，不要錯失時機！」

楚國的左君項伯是項羽的叔父，平時和留侯張良友好。張良這時候輔佐著劉邦。項伯連夜騎馬趕到劉邦軍中，私下會見了老朋友張良，把事情詳細地告訴張良，想讓張良和他一起離開。誰知張良不但拒絕，反而告之劉邦。

劉邦大吃一驚，懾於項羽實力龐大，劉邦向項伯許諾，第二天去項羽的駐軍之地鴻門謝罪。

項伯連夜離開。回到軍營後，項伯把劉邦的話報告項王，並趁機說：「劉邦先攻破關中，讓您順利進軍咸陽，現在人家有大功，卻要攻打人家，這是不仁義的。不如趁機友好地款待他。」項王答應了。

劉邦第二天帶領一百多人馬來鴻門見項羽。項羽高興，留劉邦同他飲酒。席間，陪坐的范增多次向項羽使眼色，暗示項羽拿下劉邦，項羽一直默默不應。

范增無奈，出去召來項莊：「君王不忍下手，你進去向劉邦祝酒，祝酒完畢後請求舞劍助興，然後出其不意刺殺劉邦。不然的話，以後你們都將被他所俘虜！」

項莊依計進去祝酒。祝完酒後，項莊說：「君王和沛公（劉邦）飲酒，軍營裡沒有什麼可以用來娛樂，請讓我舞劍助興吧。」項羽說：「好。」項莊就拔出劍舞起來。項伯見狀，也拔出劍對舞起來，並常常用自己的身體掩護劉邦。項莊刺殺不成。

劉邦的軍師張良發現苗頭不對，便將武將樊噲喚入以保護劉邦。劉邦坐了一會，讓張良、樊噲借獻禮之機分散項羽的注意力，自己則借上廁所出來，抄小路順利逃回軍中。

評析：

鴻門宴處處暗藏殺機，這是一場心理的較量。項羽之所以會失敗，原因就在於他優柔寡斷。很多人之所以難有所成，最大的毛病就是缺乏決斷的勇氣，他們總是左顧右盼、思前想後，從而錯失良機。成大事者則不同，他們在看到事情成功的可能性之後，往往敢於做出重大決策，因而占得先機。

【連結共享】

於是度之往事，驗之來事，參之平素，可則決之。王公大人之事也，危而美名者，可則決之；不用費力而易成者，可則決之；用力犯勤苦，然不得已而為之者，可貴則決之；去患者，可貴則決之；從福者，可則決之。

——《鬼谷子．決篇》

推測以往的事，驗證未來的事，再參考日常的事，如果可以，就作出決斷；王公大臣的事，崇高而享有美名的，如果可以就作出決斷；不用費力輕易可獲成功的事，如果可以就作出決斷；費力氣又辛苦，但不得不做的，如果可以就作出決斷；能消除憂患的，如果可以就作出決斷；能實現幸福的，如果可以就作出決斷。

果斷處事，或靜止不動，或健步行走，或快速跳動，一定要果斷，不要猶豫。

105｜處事要果斷

果斷代表自信，它是長期磨練出來的特質，往往能夠先人一步獲得收穫。猶豫、拖延往往錯失良機，使人不斷產生對失敗的恐懼感。

十六　做人要有廣闊的胸懷

鬼谷子曰：「無窮者，必有聖人之心，以原不測之智，以不測之智而通心術。」（語出《鬼谷子．本經陰符七篇》）要想擁有無窮的智謀，就必須具備聖人那樣廣博的胸懷，擁有廣博的胸懷，方能兼收並蓄，去探求無窮無盡深不可測的智慧。

海納百川，有容乃大。一個人未來的成就有多大，往往與他的胸懷有關。只有廣闊的胸懷才可吸納無窮的知識與智慧，並將各種知識與智慧兼收並蓄，融會貫通，化為己用。

鬼谷子曰：「無窮者，必有聖人之心，以原不測之智，以不測之智而通心術。」

——語出《鬼谷子．本經陰符七篇》

做人要有廣闊的胸懷

鬼谷子認為，明智之士無不以廣闊的胸懷去吸納無窮盡的知識與智慧，將各種知識與智慧兼收並蓄，融會貫通化為己用，以應對萬事萬物。

鬼谷子在〈符言〉中就詳細闡述了身居君位的人應該具備的特質。這些論述對今天的領導者有極大的借鑑意義。

他提倡君主要善於居位靜觀，不纏身於具體事務，不指手劃腳。並且認為，若能利用天下人的眼睛去觀察，就沒有看不到的事物；若能利用天下人的耳朵去探聽，就沒有聽不到的事情；若能利用天下人的心智去思考，就沒有想不通的事情。若能像車輻集中於車軸那樣集中起眾人的力量，君主的聖明就沒有什麼能夠阻擋的了。同理，現今的領導者也要廣採眾議，不拒絕任何意見。

鬼谷子說得好：「允許別人提意見，就會增強對方的參與意識，眾志成城，增強我方力量；反之，拒絕別人提意見，就閉塞了自己的視聽。若能博聽眾論，只可仰視而不可到頂的高山也能踰越；廣採眾議，無底深淵也可測到它的底。」

戰國時期的信陵君就是這樣一位胸懷廣闊者。一次，他聽說大梁城東門的守門人侯嬴很有才能，便親自去請他。兩人見面後，侯嬴毫不客氣，上車後就坐在上座，讓信陵君趕車。車到鬧市，侯嬴故意與好友朱亥長時間交談，將信陵君晾在一旁。回到公子府後，信陵君大宴賓客，推侯嬴坐在上席，並親自給他敬酒，侯嬴都當仁不讓。

這則故事充分反映了信陵君胸襟的博大。以信陵君堂堂魏國公子的身分給侯嬴這個守門人駕馭馬車、耐心等待、主動敬酒，這著實不易。如果沒有開闊的胸襟、容人的氣度，是無法做到的。

正因為信陵君禮賢下士，心懷感激的侯嬴才為他盡心效力。不久，侯嬴便獻上奇計使竊符救趙取得成功，同時大力士朱亥也在竊符救趙中立下汗馬功勞。試想，當初信陵君如果顧及公子身分，言行舉止傲慢待人，能人賢士就不可能為之折服，更不會聚之門下建立奇功，那趙國可能早就為秦國所滅。

與信陵君相反，那些心胸狹窄、容不得別人半點「無禮」的人，最終往往難逃身敗名裂、家亡國破的命運。

西周末年，周厲王暴虐無道，政令嚴酷，人民怨聲載道。周厲王知道民情後不但不知警醒，反而怒示官吏，只要聽到誰說壞話就殺誰。不久，怨言便在嚴令之下暫時得以「平息」，人們道路以目，不敢多言。但三年後，百姓忍無可忍，最終推翻了厲王殘暴的統治，並將他流放到彘。

海納百川，有容乃大。要想預知一個人的成就會有多大，就要首先考察他的胸懷有多大。心眼特別小、私心特別重、毫無包容精神是致命的缺點，這樣的人是難以有所作為的。

【知古通今】

這是一個發生在非機器化生產時代的故事。

一家大型皮鞋加工廠的老闆突然接到了很多訂單，這應該是件好事，但由於廠裡缺少員工，無法保證顧客按期提貨。這意味著他將必須賠償一大筆違約金。鞋廠老闆遇到了一道可能導致破產的難關。

這天，一籌莫展的老闆召集了所有工人開了一次會議。因為他始終相信，集思廣益可以解決一切棘手的問題。他把工廠沒有工人可僱用的難題告訴大家，要求大家各盡其力地尋求解決途徑，並且鄭重宣布：任何人只要想出的辦法有可行性，一律給予豐厚獎勵。

會場一片沉默，全體員工都陷入沉思，絞盡腦汁地想辦法。過了一會，一個小員工舉手請求發言，這位老闆立即帶頭給以掌聲鼓勵。小員工在大家的掌聲中站起來怯生生地說：「先生，我以為僱請不到工人無關緊要，我們可以用機器來製造皮鞋。」

話音剛落，就有人開始嘲笑那個小員工：「孩子，用什麼機器來造鞋呀？你是不是可以造一種這樣的機器呢？」那個小員工窘得滿臉通紅，惴惴不安地坐了下去。

在員工們亂哄哄的議論聲中，老闆徑直走到了小員工身邊，他請他站起來，然後挽著他的手走到主席台上，大聲說道：「諸位，這孩子說得沒錯，雖然他還沒有造出一種造皮鞋的機器，但他這個辦法很重要，大有用處，只要我們圍繞這個概念想辦法，問題定會迎刃而解。我們永遠不能故步自封、安於現狀，思維不要局限於一定的桎梏中，這才是我們能夠不斷創新的動力。現在，我宣布這個孩子獲得五百美元的獎勵。因為這個孩子想到了我和在場各位所沒有想到的。」

老闆的一席話贏來了熱烈的掌聲。接下來，大家紛紛出謀劃策，暢所欲言，各人把所熟練的技藝以及在工作中總結的經驗都毫無保留地拿出來分享。老闆也始終面帶微笑洗耳恭聽，邊聽，還邊在本子上記著什麼……

經過四個多月的研究和實驗，這家皮鞋工廠的大量工作就已被機器取而代之了。

評析：

企業領導如胸懷廣闊，能把每個下屬所擅長的方面有機地組織起來，就會給企業的發展帶來整體效應。胸懷廣闊是領導者的必備素養。高明的領導者往往會趨吉避凶，用人之長，避人之短。

【連結共享】

天地無極，人事無窮，各以成其類。見其計謀，必知其吉凶、成敗之所終也。

——《鬼谷子．本經陰符七篇》

天地廣闊無邊，人事沒完沒了，分別根據各自的不同而劃分許許多多相似的種類。假如觀察其中的計謀，就必然能判斷吉凶成敗的結果。

十七　無中生有，主動創造機會

鬼谷子曰：「經起秋毫之末，揮之於太山之本。其施外兆、萌牙蘖之謀，皆由抵巇。」（語出《鬼谷子．抵巇》）那些使縫隙萌生並擴而大之的種種謀略，也都是由抵巇原理生發出來的。

機會，無時不有，它對每個人都是公平的，關鍵就在於應該怎樣去發現機會、把握機會、主動去創造機會。

 無中生有，主動創造機會

鬼谷子曰：「其施外兆、萌牙蘖之謀，皆由抵巇。」

——語出《鬼谷子．抵巇》

無中生有，主動創造機會 無中生有，主動創造機會

在〈抵巇〉中，鬼谷子不但明確闡述了小洞不補的危害性及相應的解決辦法，還透過逆向思維指出那些利用矛盾乘虛而入的謀略，也是從抵巇的基本原理推演出來的。

既然有了缺漏可以立即填補，那麼，同樣為了利益，也可以見縫插針推波助瀾——將缺洞進一步擴大，利用剛剛出現的小矛盾製造出足以使對手潰敗的大矛盾。甚至還可以無中生有，一時沒有縫隙時人為地製造縫隙，創造新的契機。

鬼谷子的弟子張儀在進行連橫遊說時，常常反用見洞堵洞的抵巇原理，頻頻無中生有，或在諸侯國之間製造矛盾以獲取漁翁之利，或堂而皇之地誘騙其他君王主動向其所事君主進獻城池土地。

例如他在遊說齊國時，公然對齊宣王撒謊，說韓國已經向秦國進獻了宜陽，魏國也獻了河外之地，趙國也有土地進獻（其時，張儀還未到趙國進行遊說），各國（除你齊國外）已經紛紛退出了合縱盟約轉而與秦結交。面對張儀子虛烏有的言論，齊宣王竟信以

為真，既然韓、趙、魏都已經對秦妥協稱臣，自己當然也不敢勢單力薄地與猶如虎狼的秦為敵了，於是也急忙向秦惠王獻地示好。

歷史上諸如此類依靠無中生有、主動創造機會而獲得成功的故事還有很多。

唐朝安史之亂時，許多地方官吏紛紛投靠安祿山、史思明。唐將張巡忠於唐室，不肯投敵。他率領兩三千人的軍隊獨守孤城雍丘。安祿山派降將令狐潮率四萬人馬圍攻雍丘城。敵眾我寡，張巡雖取得幾次出城襲擊的小勝，但無奈城中箭支越來越少，很難抵擋敵軍攻城。

張巡想起三國時諸葛亮草船借箭的故事，心生一計。他命軍士蒐集蒿草，紮成千餘個草人，並將草人披上黑衣，夜晚用繩子慢慢往城下吊。夜幕之中，令狐潮以為張巡又要乘夜出兵偷襲，急命部隊萬箭齊發，急如驟雨。就這樣，張巡輕而易舉獲敵箭數十萬支。

令狐潮天明後，知己中計，氣急敗壞，後悔不迭。第二天夜晚，張巡又從城上往下吊草人。敵軍見狀，哈哈大笑。張巡見敵人已被麻痺，就迅速吊下五百名勇士，敵兵仍不在意。五百勇士在夜幕掩護下迅速潛入敵營，打得令狐潮措手不及，營中大亂。張巡乘此機會，率部衝出城來，殺得令狐潮大敗而逃。張巡巧用無中生有之計保住了

 無中生有，主動創造機會

雍丘城。

從上面的故事可知，鬼谷子的抵巇主要有以下三種意思：一、天地間萬事萬物都是矛盾的統一體，都在不斷變化發展著，任何一種事物都必然存在著或即將呈現出裂痕，要時時自察察人，及時發現並堵住漏洞；二、如有需要，不妨利用並故意擴大縫隙以便乘虛而入；三、可以無中生有，一時沒有縫隙時人為地製造縫隙，主動創造有利於自己的時機。

【知古通今】

一九七〇年代，日本一家棉被工廠的倉庫裡積貨如山。面對滯銷的成堆棉被，冥思苦想的老闆終於想到了一個好主意。

他找到了當時名噪一時且知識廣博的圖書館長，並向他請教一個故事：「在德川時代，聽說川越有位孝順的兒子送了一套紫色的棉被給他病弱的父母，他的雙親睡在兒子贈送的棉被裡，沒多久就奇蹟般地恢復了健康。這件事被當時的川越城主知道後，賞了他一百兩銀子。請問這位城主是誰？請將這故事詳細地講給我聽，好嗎？」

這個孝子得好報的故事其實是老闆自己編造的。這一點，連那個圖書館長也沒想到，他只是納悶地回答說：「棉被很早以前只有身分高貴的人才能使用，普通人是在德川時代以後才開始使用的。我並不知道你所說的這件事。」

故事雖然是編造的，但它的內容卻很快傳播了出去。沒過多久，這位老闆生產的紫色棉被就大為暢銷，幾乎無法應付紛至沓來的訂單。

還有這樣一個故事。

某城市有家個體服裝店，剛剛開業，一點知名度都沒有，門前冷冷清清，服裝店老闆在開店前幾乎把資金用光了，沒有多餘的資金去做廣告，如何讓人們知道這家服裝店呢？老闆冥思苦想後終於有了主意。

一天，他來到附近一家電影院，在電影開演前幾分鐘，他雇的店員前來找他，只聽電影院的廣播喊：××服裝店的王老闆，外面有人找。他聽到第五遍時，才起身走出影院。一連幾天，他都在附近的幾個電影院如法炮製。隨後的日子裡，他開的服裝店便門庭若市，生意不斷。

評析：

廣告並不一定都要花錢，不花錢的好廣告同樣有效，這就是無中生有。無中生有，

 無中生有，主動創造機會

「無」指的是「假」，是「虛」；「有」指的是「真」，是「實」。無中生有，就是真真假假，虛虛實實，真中有假，假中有真，虛實互變，用假象擾亂對方，使對方判斷失誤，行動失誤。

【連結共享】

聖人見萌牙䖁罅，則抵之以法。世可以治，則抵而塞之；不可治，則抵而得之；或抵如此，或抵如彼；或抵反之，或抵覆之。

——《鬼谷子．抵巇》

當聖人看到萌芽的裂痕時，就設法治理。當世道可以治理時，就要採取彌補的「抵」法，使其「巇」得到彌合，繼續保持它的完整，繼續讓它存在下去；如果世道已壞到不可治理時，就用破壞的「抵」法，徹底把它打破，占有它並重新塑造它。

十八 退以待時，伺機而動

鬼谷子曰：「世無可抵，則深隱而待時；時有可抵，則為之謀；可以上合，可以檢下。能因能循，為天地守神。」（語出《鬼谷子．抵巇》）當世道不需要「抵」的時候，就深深地隱居起來，等待時機；當世道可「抵」時，對上層可以合作，就要為此謀劃。對下屬可以督查，有所依據、有所遵循，這樣就成了天地的守護神。

一個人只有審時度勢，深諳進退之道，從而知進識退，進退有節，揮灑自如，才能在社會競爭中立於不敗之地。

鬼谷子曰：「可以上合，可以檢下。能因能循，為天地守神。」

——語出《鬼谷子．抵巇》

退以待時，伺機而動

一個人成功與否往往取決於其做人做事的方式。人們都想事業發達、家庭美滿，都想受人尊重、辦事順利，但通常只有那些既會做人又善於做事的人才能實現自己的願望。而他們的共同經驗就是懂得並且善於利用進退規則。

鬼谷子在〈抵巇〉中說，當世道不需要「抵」的時候，就要深深地隱避起來，以等待時機。鬼谷子認為，做人應懂得在必要時退一步，以等待時機，伺機而動。

太公姓姜名尚，又名呂尚，是輔佐周文王、周武王滅商的功臣。他在沒有得到文王重用的時候，隱居在陝西渭水邊的一個地方。那裡是周族領袖姬昌（即周文王）統治的地區，他希望能引起姬昌的注意，從而委以重任，建立功業。

太公常在番溪旁垂釣。一般人釣魚，都是用彎鉤，上面有香餌，誘騙魚兒上鉤。但太公的釣鉤是直的，上面不掛魚餌，也不沉到水裡，並且離水面三尺高。

不久，太公奇特的釣魚方法傳到了姬昌那裡。姬昌知道後便派人去叫他來。但太公並不理睬，仍只顧釣魚，並自言自語道：「魚兒不上鉤，蝦子休來胡鬧！」

姬昌意識到，這個釣者必是位賢才，要親自去請他才對。於是他吃了三天素，洗了澡，換了衣服，帶著厚禮前往番溪去聘請太公。太公見他誠心誠意來聘請自己，便答應為他效力。

後來，姜尚輔佐文王，興邦立國，還幫助周文王的兒子武王姬發滅掉了商朝，他自己也被武王封於齊地，實現了建功立業的願望。

姜太公垂釣番溪，表面上是退，實則是伺機而動，是為了更好的進。做人正如姜太公一樣，貴在進退自如，該堅持時要堅持，該放棄時則應毫不猶豫地放棄，退一步才能海闊天空。

退避是一種睿智。適時退避是識時務，是對當前形勢和即將面臨的各種挑戰因素的如實估量，是看清自己、看透形勢，只有這樣，才能做到知己知彼，百戰不殆。

退避比前進更需要冷靜的頭腦和周密的抉擇。當我們對目標感到迷茫的時候，不妨選擇暫時離開，遠離束縛自己的枷鎖，退一步或許能更清醒地認知一切。有退才有進，以退為進，「捲土重來」，一定會有一番新天地，這才是上上之策。

【知古通今】

范蠡，春秋戰國末期楚國人，著名的政治家、軍事家和經濟學家。

西元前四九六年，吳越兩國發生了檇李之戰，吳王闔閭陣亡，兩國從此結仇，連年戰亂不休。西元前四九六年，闔閭之子夫差為報父仇，與越國在夫椒決戰。越王勾踐大敗，僅剩五千兵卒逃入會稽山。范蠡在勾踐窮途末路之際投奔了越國，「人待期時，忍其辱，乘其敗……」他向勾踐概述「越必興、吳必敗」之斷言，並進諫：「屈身以事吳王，徐圖轉機。」勾踐聽從了范蠡的建議，並拜他上大夫。范蠡也主動陪同勾踐夫婦在吳國為奴三年。

三年後，范蠡歸國，與文種擬定興越滅吳九術，是越國「十年生聚，十年教訓」的策劃者和組織者。范蠡事越王勾踐二十餘年，不遺餘力，終於幫助越王成就了霸業，被尊為上將軍。

「吳王亡身餘杭山，越王擺宴姑蘇台。」在舉國歡慶之時，范蠡卻急流勇退，傳說與西施隱姓埋名，泛舟五湖。

後來，范蠡輾轉來到齊國，改名為鴟夷子皮，帶領兒子和門徒在海邊結廬而居。戮力墾荒耕作，兼營副業並經商，幾年之後便累積了數千萬家產。

范蠡仗義疏財，施善鄉梓，他的賢明能幹被齊人賞識。齊王把他請進國都臨淄，拜為主持政務的相國。他喟然感嘆：「居官致於卿相，治家能致千金；對於一個白手起家的布衣來講，已經到了極點。久受尊名，恐怕不是吉祥的徵兆。」於是，才三年，他再次急流勇退，向齊王歸還了相印，將家中財物盡散予知交和老鄉。

一身布衣的范蠡第三次遷居來到陶地。在這個居於「天下之中」的最佳經商之地，范蠡精心操持家業，沒出幾年，經商積資又成巨富，由於范蠡自號陶朱公，當地民眾皆尊陶朱公為財神。

史學家司馬遷稱：「范蠡三遷皆有榮名。」史書中有語概括其平生，「與時逐而不責於人」。世人譽之，「忠以為國，智以保身，商以致富，成名天下。」

評析：

知進而不知退，善爭而不善讓，定會招來災禍。范蠡在榮耀至極之時，毅然選擇了急流勇退，此大智之舉被世人傳為佳話。司馬光在《資治通鑑》中說：「漢三傑而已，蕭何繫獄，韓信誅夷，子房託於神仙。」殷鑒不遠，范蠡的大智大慧確實是值得我們學習的。

【連結共享】

五帝之政，抵而塞之；三王之事，抵而得之。諸侯相抵，不可勝數，當此之時，能抵為右。

——《鬼谷子．抵巇》

對五帝的聖明政治，只能採取彌補的「抵」法，繼續保持它的完整；三王從事的大事就是因為世道已壞到不可治理的程度，就用破壞的「抵」法，徹底打破並占有它。諸侯之間互相征伐，鬥爭頻繁，不可勝數，在這個混亂的時代，善於運用不同「抵」法鬥爭的諸侯才是強者。

太公釣魚

太公釣魚，非為魚。無餌直鉤，焉可為之？是以不為之於魚，徒為誘人耳。

身懷韜略的姜太公審時度勢，深隱待時，並積極主動地創造「進」的時機，最終成功地釣到了周文王這條「大魚」，得到了建功立業的機會。

十九 集思廣益，凝聚眾人智慧

鬼谷子曰：「計謀者，存亡之樞機。慮不全，則聽不審矣；候之不得，計謀失矣。」（語出《鬼谷子．本經陰符七篇》）計謀是決定事情成敗的關鍵。如果彼此之間的意見不能互相交換，那麼，聽到的就不可能詳細、全面；如果聽到的不全面，那麼，計謀就無從產生。

任何人的智慧都是有限的。智慧越有限，就越要集思廣益，廣泛聽取各方面的意見。

鬼谷子曰：「計謀者，存亡之樞機。慮不全，則聽不審矣；候之不得，計謀失矣。」

——語出《鬼谷子．本經陰符七篇》

集思廣益，凝聚眾人智慧

人們為了解決共同問題，通常會開會議事，溝通交流、增進了解、集思廣益、融合觀點、消解矛盾、形成決議，必要時甚至以投票的方式讓多數人的意志變為行動指導的決議。人們這種集思廣益、凝聚眾人智慧的議事和決策方式，是人類文明進步的重要標誌。

溝通交流，集思廣益，博採眾長，為己所用。二千多年前的鬼谷子對此有深刻的認識。鬼谷子認為，正確的計謀、決策是眾人相互溝通、交流的結果。彼此之間相互交換意見，決策者才能考慮詳細、周全，做出的決策才能符合實際情況，這樣的決策方案才是正確可行的。

俗話說，「三個臭皮匠，勝過一個諸葛亮」。這句俗語其實源於「三個臭裨將，頂個諸葛亮」的典故。

裨：輔佐的，副的。裨將：古代指副官，在戰爭中多衝在第一線。也就是說，三個下層的、在第一線上行軍打仗的裨將，有時候他們的經驗和智慧集中起來，就比遠在大帳裡指揮、足智多謀的諸葛亮更正確，更實際和有效。後來，人們將「裨將」改為「皮匠」，則是長期以訛傳訛的結果。

不管說法怎樣，一個不爭的事實是，這句俗語強調了集思廣益，凝聚眾人智慧的重要性。

老子曰：「不自見，故明；不自是，故彰；不自伐，故有功；不自矜，故長。」意思是說，執政者不自視高明而把別人看作庸人，就能博採眾長、集思廣益，所以能明辨是非；不自以為是、死不認錯，就能避免大的災難，所以能建功立業；不自我吹捧、謙虛做人，就能有良好的聲譽，所以有功勛；不驕傲自滿、目空一切，就能平等待人，所以能在歷史上留下好名聲。

這就告訴我們，在做事、考慮問題時，要善於借助自身的優勢和他人的長處，多對周圍的人和事分析比較，從中吸取有益成分，取人之長補己之短。

那麼，怎樣才能做到集思廣益、凝聚眾人智慧呢？

第一、無論事情大小，都要深入到細節中去，每一個環節都不得馬虎。問題考慮得詳細了，才會發現更多的小問題，才會發現自己的不足之處。

第二、不搞「一言堂」。很多人都有「一言堂」的權力，他們也常因此而自覺高人一等，對別人的意見都聽不進去，這就使得他們更容易犯錯。須知，別人對自己的信任、支持、重視、提議，甚至否定、批評都是有益於自己做出正確的決策的。

第三、借腦生智，發揮集體作用。對於領導者來說，不依靠智囊團是很難成為高明的決策者的，也很難做出正確科學的決策。不善於傾聽各方面的意見，不積極與人溝通交流、交換意見，就很容易陷入自以為是的誤解。

【知古通今】

經過一百多年的發展，「柯達」已成為一個世界性的名字。柯達公司取得如此傲人的成績，與他的創始人喬治．伊士曼是密不可分的。

喬治．伊士曼認為，公司的許多設想和問題，都可以從員工的意見中得到反映和解答。為了收集員工的意見，他設立了建議箱，這是美國企業界的一項首創。公司裡的任何人，不管是白領工人還是藍領工人，都可以把自己對公司某一環節或全面的策略性改進意見寫下來，投入建議箱。公司指定專職的經理負責處理這些建議。被採納的建議，如果可以替公司省錢，公司將提取前兩年節省金額的百分之十五作為獎金；如果可以研發一種新產品上市，獎金是第一年銷售額的百分之三；如果未被採納，也會收到公司的書面解釋函。建議都被記入本人的考核表格，作為提升的依據之一。

柯達公司的「建議箱」制度從西元一八九八年開始實施，一直堅持到現在。第一個給公司提建議的是一個普通工人，他的建議是軟片室應該有人負責擦洗玻璃。很快，這位工人的建議得到二十美元的獎勵。

自設立建議箱一百多年來，柯達公司共採納員工所提的七十多萬個建議，付出獎金達兩千萬美元。這些建議減少了大量耗財費力的文牘工作，更新了龐大的設備，並且堵塞了無數個工作的小漏洞。

例如：公司原來打算耗資五十萬美元興建包括一座大樓在內的設施來改進裝置機的安全操作系統。可是，一個叫貝金漢的工人提出一項建議，不用興建大樓，只需花五千美元就可以辦到。後來，他的詳細計畫被採納，貝金漢為此獲得了五萬美元的獎金。

評析：

喬治．伊士曼重視員工對工作的看法，並積極採納員工提出的合理建議。在員工充分發揮主動性和創造性的情況下，公司管理層就能集思廣益，凝聚公司全體人員的智慧，做出正確高效的決策。日常處事也是這樣，要善於傾聽各方面的意見，集思廣益，博採眾長，善於團結協作，凝聚力量，調動各方面的積極因素。

【連結共享】

故信心術，守真一而不化，待人意慮之交會，聽之候之也。

——《鬼谷子·本經陰符七篇》

所以，要使心術真誠，信守人的天性，而不隨意為外界所同化，等待對方誠心誠意地與我方相互交換意見，這樣，雙方才能彼此接受。

二十　凡事要學會變通

鬼谷子曰：「轉圓者，無窮之計。」（語出《鬼谷子・本經陰符七篇》）所謂「轉圓」，就是無窮的計謀。

人有智慧，遇到了問題可以靈活地處理，用這個方法不行就換一個方法，總有一個方法是可行的。凡事要學會變通，不能太死板，要具體問題具體分析。

轉圓者，無窮之計。—《鬼谷子・本經陰符七篇》

鬼谷子曰：「智略計謀，各有形容，或圓或方，或陰或陽，或吉或凶，事類不同。」

——語出《鬼谷子・本經陰符七篇》

凡事要學會變通

鬼谷子經常親自監督孫臏和龐涓排兵布陣，進行實際操練。一次，鬼谷子擺了三二一、一二三的陣圖，即一方前排三人，中間二人，後排一人。另一方前排一人，中間二人，後排三人。三二一的陣圖，重兵在前，難攻易守，這一回合龐涓搶先選擇了守。孫臏把武藝高強的勇士放在前排，採取各個擊破的戰術，突破了前衛。接著以人盯人的戰法和散勢包抄法最終擊敗了龐涓。

龐涓心中不服，要求重來，他攻孫臏守。可是，沒想到調換陣圖之後他仍然被孫臏打敗了。

最後，鬼谷子總結說：「今日破陣，孫臏比龐涓智高一籌，取勝的原因有兩個，一是多變，二是地利，龐涓你說是嗎？我所布的陣圖，絕不是一成不變，記住：『兵無常勢，水無常形』，要結合作戰實際環境，靈活機動，才能取勝。」

在鬼谷子看來，凡事不能拘泥，而應該在不放棄原則的前提下通權達變，根據具體的情況來靈活應變。

孫臏謹記鬼谷子的教誨，努力使自己成為一個善於變通的人。

孫臏初到魏國時，魏王要考察一下他的本領，以確定他是否真的有才。魏王召集眾臣，當面考察孫臏的智謀。

魏王坐在寶座上，對孫臏說：「你有什麼辦法讓我從座位上下來嗎？」

龐涓說：「可在大王座位下生起火來。」

魏王說：「不行。」

孫臏說：「大王坐在上面，我是沒有辦法讓大王下來的。不過，大王如果是在下面，我卻有辦法讓大王坐上去。」

魏王聽了，得意洋洋地說，「那好，」說著就從座位上走了下來，「我倒要看看你有什麼辦法讓我坐上去。」

周圍的大臣一時沒有反應過來，都嘲笑孫臏不自量力，等著看他的洋相。這時候，孫臏卻哈哈大笑起來，說：「我雖然無法讓大王坐上去，卻已經讓大王從座位上下來了。」

這時，大家才恍然大悟，對孫臏的才智連連稱讚。

由此，魏王也對孫臏刮目相看，孫臏很快就得到了魏王的重用。

看了上面的故事，誰會不稱讚孫臏的聰明呢？孫臏之所以聰明，這與他善於「變通」的思維分不開。在解決問題時，人們通常按常規去思考（即從如何使魏王下來這一方面去思考）。而孫臏則能從「讓魏王坐上去」出發反向思考，巧妙地解決了問題。

許多心理學家認為，發散思維與創造力有直接聯繫，因此，應有意識地培養、訓練自己的發散性思維，即從思維的獨創性、變通性、流暢性入手，逐漸養成自己多角度認識事物、解決問題的習慣，使自己的思維更具創造性。

總之，生活中我們在處理問題時，如果能學會靈活變通，那麼，即使我們遇到困難，也很快便會發現「柳暗花明又一村」。

【知古通今】

浙江省有一家以出口菸灰缸而聞名的工廠，其經營祕訣是：主隨客變，以變應變。

該廠生產的菸灰缸材質優良，造型精雅，上市國際市場後，一直很受客戶歡迎。但是，有一段時間，菸灰缸突然滯銷。工廠急忙派人赴國外考察，很快找出了滯銷的原因：國外掀起了一種使用壁掛電扇的熱潮，工廠生產的菸灰缸缸底過淺，電風扇一吹，菸灰就飛出來，四處飄散，令家庭主婦們叫苦不迭。工廠立即生產了一種缸底深、容積大的菸灰缸，上市國外市場後，一售而空。

過了幾年，菸灰缸再次滯銷。

「是市場已經飽和？還是出現了新的情況？」工廠再次組織有關人員進行調查，很快又找出了滯銷原因：由於經濟的發展，國外許多家庭已將壁掛電風扇淘汰，換上了空調，家庭主婦們嫌這種缸底深、容亮大的菸灰缸不好清洗，因此不願意使用。工廠針對新的變化又及時地推出了一種造型別緻的菸灰缸，上市後，備受用戶的青睞。

評析：

商場中的「因敵變化而取勝」，是要求商家根據瞬息萬變的商情而變，按照市場及競爭者的狀況來制定策略，這就要求商家有獨到的眼光和魄力。

【連結共享】

智略計謀，各有形容，或圓或方，或陰或陽，或吉或凶，事類不同。

——《鬼谷子・本經陰符七篇》

從謀略本身來說，不論是智謀，或是計策，都會有各自不同的形態。有的偏向「圓」，有的偏向「方」；有的為陰謀，有的為陽謀；有的呈吉相，有的呈凶兆。總之，是依照事物的類似性不同而採取不同的謀略。

凡趨合倍反，計有適合。化轉環屬，各有形勢，反覆相求，因事為制。

——《鬼谷子・忤合》

凡是有關聯合或對抗的行動，都會有相應的計策。變化和轉移就像鐵環一樣連環而無中斷。然而，變化和轉移又各有各的具體情形。彼此之間環轉反覆，互相依賴，需要根據實際情況控制。

二十一 遵循客觀規律

鬼谷子曰：「變化無窮，各有所歸。」（語出《鬼谷子·捭闔》）萬事萬物雖然各有不同，但都有其本質規律。

凡事都有規律可循，順應這些規律，事情就會成功；反之，違背這些規律，事情必定失敗。

變化無窮，各有所歸。──《鬼谷子．捭闔》

鬼谷子曰：「持樞，謂春生、夏長、秋收、冬藏，天之正也，不可干而逆之。逆之者，雖成亦敗。」

──語出《鬼谷子．持樞》

遵循客觀規律

鬼谷子在〈捭闔〉中說：「變化無窮，各有所歸，或陰或陽，或柔或剛，或開或閉，或弛或張。」

意思是說，萬事萬物雖然各有不同，但都有其本質規律。事物的變化是無窮無盡的，然而都各有自己的歸宿；或者屬陰，或者歸陽；或者柔弱，或者剛強；或者開放，或者封閉；或者鬆弛，或者緊張。

鬼谷子在〈持樞〉中也說：「持樞，謂春生、夏長、秋收、冬藏，天之正也，不可干而逆之。逆之者，雖成亦敗。故人君亦有天樞，生養成藏，亦復不可干而逆之，逆之雖盛必衰。此天道、人君之大綱也。」

也就是說，持樞，是掌握行動的關鍵，控制事物的規律。比如春季耕種，夏季生長，秋季收穫，冬季儲藏乃是天時的正常運行規律，不可悖反這一自然規律而倒行逆施，凡是違反自然規律的，即使偶爾成功，終究必會失敗。人君也應有一定法則。君王在組織百姓生產生活，教養萬民、收穫、儲藏等活動時，也不能違背這些規律，如果違背客觀規律，即使表面上看似強大，也必將衰弱。這是社會發展的客觀規律，是人君治國的基本綱領。

古人提倡日出而作、日落而息，生活在自然界中的人類，應該遵守大自然的法則，順應自然規律，力爭與大自然保持步調一致。大自然是非常奧妙的，每一個生命的成長都充滿了神奇與莊嚴，瓜熟蒂落，水到渠成，蝴蝶一定要在蛹中經過痛苦的掙扎，有朝一日才能在花叢間翩翩起舞……做事只有遵循客觀規律才能成功，如果違背客觀規律，則必然失敗。

鬼谷子的高徒蘇秦、張儀在運用自己的三寸不爛之舌說服諸侯時，都是在順應天道的前提下，一步一步、循序漸進而最終出色完成任務實現自己的人生價值的。

世界上的一切事物都有各自的規律，循序漸進也是事物發展的普遍規律之一。規律是事物運動過程中本身所固有的聯繫，這表明規律具有客觀性。規律是客觀的，是指它的存在和發生作用不以人的意志為轉移。正如春秋戰國時期的荀子所說：「天行有常，不為堯存，不為桀亡。天不為人之惡寒也，輟冬，地不為人之惡遼遠也，輟廣。」這段話表明，自然規律是不以人們的主觀意志為轉移的。我們立身處世必須順應天道、循序漸進。順應天道、循序漸進是成就事業的一種大智慧。要想獲得成功、成就自己的事業，必須按照客觀規律辦事，一步一步腳踏實地才能進入輝煌的殿堂。

【知古通今】

商朝末年，商紂王倒行逆施，荒淫無道，使得天怒人怨。這時，地處西方的周國在周文王的統治下日益強大。

周文王死後，兒子姬發即位，是為武王。周武王一直等待時機討伐商紂。為了刺探殷商的虛實，他不斷派探子去朝歌偵察情況。

不久，探子回來稟報說：「殷商大概要出現混亂了！」

武王問：「混亂到了什麼程度？」

探子回答說：「邪惡的人勝過了忠良的人。」

武王搖頭說：「混亂還沒有達到極點。」

過了一段時間，探子又回來報告：「殷商的混亂程度加重了！」

「達到了什麼程度？」

「賢德的人都出逃了。」

武王又搖頭說：「還是沒有達到極點！」

過了一陣子，探子回來稟報：「殷商的混亂已經很厲害了！」

「到底什麼樣了？」

「老百姓已經不敢說怨恨不滿的話了。」

周武王一聽，高興極了，說：「太好了，時機終於到了。邪惡的人勝過了忠良的人，叫做暴亂；賢德的人都出逃在外，叫做崩潰；而老百姓不敢講怨恨不滿的話，那叫做刑法太苛刻了。殷商的混亂已經達到了極點。這正是我們出兵的好時機！」於是，周武王挑選了戰車三百輛，虎賁勇士三千人為先鋒，朝會諸侯約定以甲子日為期共同發兵牧野。

牧野一戰，商湯滅亡，周王室開始統治天下。

評析：

商紂王倒行逆施，荒淫無道，使得天怒人怨，武王伐紂自然是順應天道、順應民心的舉動。而且，武王伐紂之前的準備工作也做得很充分。他派人不斷打探商朝的腐敗並分析這種腐敗達到了何種程度。一旦得知在紂王的暴政之下，老百姓都不敢說怨恨不滿的話時，才斷定商朝的混亂已經到了無以復加的地步，這才決定出兵伐紂。可見，武王的一舉一動無不是順應天道而行，伐紂之前的準備工作也是一步一步循序漸進的。反觀商紂的所作所為，則印證了倒行逆施必將使其從原有的繁榮富強走向衰敗這個客觀規律。

【連結共享】

持樞，謂春生、夏長、秋收、冬藏，天之正也，不可干而逆之。逆之者，雖成亦敗。故人君亦有天樞，聲揚成藏，亦復不可干而逆之，逆之雖盛必衰。此天道、人君之大綱也。

——《鬼谷子．持樞》

所謂持樞，就是指春季的耕種、夏季的生長、秋季的收割、冬季的儲藏，乃是天時的正常運作。不可以干涉、反對這種四時運作之理，凡是反對的人，雖然暫時成功也必將失敗。所以君主也有這種天樞，對人民負責生聚、教養、收成、儲藏的重大任務。尤其不可侵犯這種樞而加以反對，假如反對的話，雖然暫時興盛也必將衰亡，這是天道，也是人君治國的基本大綱。

順應天時

規律是事物本身固有的、本質的、必然的聯繫，它是對各種具體規律共同特性的概括和總結的結果。

因此，無論做什麼事情，都要從客觀實際出發，以客觀規律作為我們行動的嚮導，力求做到按客觀規律辦事。

二十二　保持旺盛的精力

鬼谷子曰：「而知之者，內修練而知之，謂之聖人。」（語出《鬼谷子・本經陰符七篇》）明白大道理的人，刻苦修練內功，就稱為「聖人」。

保持旺盛的精力非常重要，它是一個人健康的表現，是一個人有所成就的重要前提之一。而一個整天萎靡不振的人，很難讓人相信他能有什麼大的作為。

鬼谷子曰：「其通也，五氣得養，務在舍神，在之謂化。化有五氣者，志也、思也、神也、德也，神其一長也。」

——語出《鬼谷子·本經陰符七篇》

保持旺盛的精力

在《鬼谷子·本經陰符》中，有一篇叫做「盛神」。

「盛」，即是充盈、旺盛、飽滿；「神」，則是指人的精神、精力、精氣。所謂「盛神」，意思就是使人精神充沛。

「盛神術」，就是指旺盛精力、使人生氣勃勃、精神飽滿的自我修練之道。

在鬼谷子看來，有精神則能使人保持極佳狀態，無論做什麼事情始終都會有飽滿的熱情。

事實也的確如此，一個人的精力是否旺盛，對其發展以及健康非常重要。

那麼，該如何保持旺盛的精力呢？

（一）保持高品質的睡眠

睡眠時間不必太長，只要睡得深沉，即使睡少一些也能保證精力充足。每天的睡眠可這樣安排：晚上十一點前睡覺，早上六點起床；午睡最好在飯後三十分鐘開始，時間宜在半小時左右；在疲勞而未筋疲力竭之前，要注意休息。

（二）保證充足的營養

一時的營養不良，對健康的影響或許不大，但長期如此，必然嚴重影響健康。只有營養充足，精力才會持久旺盛。

（三）經常運動

每次堅持運動半小時至一小時，每週運動不少於三次。只要工作任務稍重一點，體格差的人就吃不消。碰到大事，往往需要集中精力拚搏，身體差的人就更是受不了。當快節奏、高強度的事情需要你拚搏時，良好的體質能夠讓你輕鬆自如地釋放潛能。

（四）培養優良的心態

為了保持旺盛的精力，必須經常保持良好的心態和情緒。建立良好的心態和情緒，消除所有不良的心態和情緒，能使人快樂、精力充足。

（五）避免過度勞累

如果連續幾天太勞累，就會影響後面幾天的精神狀態。為了每天都保持旺盛的精力，就應盡量避免過度勞累。

（六）提高呼吸的能力

呼吸的能力越強，長遠上對身心健康越有利。呼吸的主要方法：每天做十～十五次的深呼吸，另外，在疲勞或緊張時，就做幾次深呼吸；盡量採用腹式呼吸；呼吸要輕鬆自如；呼吸要均勻。

（七）做自己喜歡的事情

做自己喜歡的事情，能令人興奮、快樂，對於提高精力及保持旺盛的精力非常有利。在精力不足時，如果想繼續做的話，最好是做自己喜歡的事情，以提高自己的熱情和注意力；或者做一些簡單的事情，以放鬆身心。

（八）交一些快樂的朋友

交一些快樂的朋友，和他們共享美好的生活。經常和悲觀的人在一起生活，就很容易感染上悲觀的心理，既嚴重影響身心健康，又導致精力下降，非常不利。

【知古通今】

愛因斯坦於西元一八七九年三月十四日出生於德國北部的烏爾姆城，父親是電氣工程師。在家庭的薰陶下，他愛上了科學，不僅善於思考問題，而且喜歡藝文及體育活動。十五歲時，全家離開德國來到義大利。後來，他考取瑞士蘇黎士工業大學，儘管每天學習任務緊張，但他仍抽出一定時間散步，節假日還要外出旅遊或划船。愛因斯坦的這種愛好，不單是從興趣出發，還是為了提高學習效率。他常對人說：學習時間是個常數，它的效率卻是個變數，單獨追求學習時間是不明智的，最重要的是提高學習效率。他認為只有透過藝文及體育活動，才能獲得充沛的精力，保持清醒的頭腦。愛因斯坦還根據自己的親身體會，總結出一個公式，即X＝A＋B＋C。X代表成就，A代表勞動，B代表休息和活動，C代表少說廢話。他把這個公式的內容，概括成兩句話：工作和休息是走向成功之路的階梯，珍惜時間是有所建樹的重要條件。

愛因斯坦進入中年以後，才華橫溢，成就越來越大，不少國家請他去訪問和講學。有一次，他去比利時訪問，國王和王后特地成立了一個接待委員會。那一天，火車站上張燈結綵，鼓樂齊鳴，許多官員身穿筆直的禮服，準備隆重地歡迎這位傑出的科學家。火車到站以後，旅客紛紛走下車來，卻不見愛因斯坦的身影，他到哪裡去了呢？原來，他避開了那些歡迎的人，一手提著皮箱，一手拿著小提琴，由小車站步行走向王宮。負責招待的人沒有迎來貴賓，正在焦急地向王后報告，這時，愛因斯坦風塵僕僕地來到了。王后問他：「為什麼不乘我派去的車子，偏偏徒步而行呢？」他笑著回答說：「王后，請不要見怪，我平時喜歡步行，運動帶給了我無窮的樂趣。」

愛因斯坦晚年時，還堅持勞動、堅持鍛鍊，他經常從事一些家務勞動，如栽花、澆水、剪枝，還經常邀請朋友去爬山，磨練意志，鍛鍊身體。有一次，愛因斯坦興致勃勃地攀登瑞士東部的安加丁冰河，他按照登山員的要求，身背乾糧袋，手持木拐杖，順著山徑往上爬。在旅途中，愛因斯坦談笑風生，十分活躍，好像年輕人一樣。從此，人們贈給他一個光榮的稱號：「老年運動家」。

評析：

愛因斯坦在學習、工作十分緊張的情況下，仍抽空參加各種藝文及體育活動，尤其喜歡爬山、騎車、散步等體育活動。有人形容他工作時的勁頭「簡直像個瘋子，似乎有用不完的精力。」一位哲人曾經說過：不會休息的人，就不會工作。愛因斯坦這種充沛的精力，正是他合理休息和經常鍛鍊的結果。

【連結共享】

盛神中有五氣，神為之長。

——《鬼谷子．本經陰符七篇》

精神旺盛的人，身體的五臟之氣很強。五臟之氣——神、魂、魄、情、志，其中神居主位。

知類在竅，有所疑惑，通於心術，術必有不通。其通也，五氣得養，務在舍神，在之謂化。化有五氣者，志也、思也、神也、德也，神其一長也。

——《鬼谷子．本經陰符七篇》

人認知事物加以分類在於九竅，假如根據九竅還不能知曉而陷於迷惑，術就不通。一旦相通，五臟之氣得到培養，努力使神氣停留，這就稱作化育。化育五氣，志氣、思氣、神氣、德氣，神氣是前提。

二十三 控制自己的慾望

鬼谷子曰：「志者，欲之使也。」（語出《鬼谷子・本經陰符七篇》）

所謂「心志」，就是慾望的使者。

人應該是慾望的主人，而如果人的慾望過於強烈，就容易被慾望所奴役。

鬼谷子曰：「志不養，則心氣不固；心氣不固，則思慮不達；思慮不達，則志意不實。」

——語出《鬼谷子．本經陰符七篇》

控制自己的慾望

鬼谷子曰：「養志，法靈龜。」

意思是說，培養志向的方法，就是要效法靈龜。「靈龜」，即靈驗的龜。古人以龜卜吉凶。

南朝文學家陶弘景注釋說：「志者察是非，龜者知凶吉，故曰養志法靈龜。」在〈本經陰符〉中，鬼谷子所說的「志」，是指控制慾望的能力。「養志」，即培養控制慾望的能力。

鬼谷子曰：「志者，欲之使也。欲多則心散，心散則志衰，志衰則思不達也。故心氣一則欲不徨，欲不徨則志不衰，志不衰則思想達矣。」

也就是說，「心志」是慾望的使者。慾望多則心氣散，心氣散則志氣衰，志氣衰則思維不能通達。所以心氣專一，慾望就不多；慾望不多，意志就不會消沉；意志如果不消沉，思想脈絡就會通達。

鬼谷子所說的控制自己的慾望，對今人有極其重要的意義。其實，無論何時，我們都要注意控制自己的慾望。

慾望與生俱來，人人都有。世人為何不心安，只因放縱了慾望。

明末清初有一本書叫《解人頤》，對慾望作了入木三分的描述：「終日奔波只為飢，方才一飽便思衣，衣食兩般皆俱足，又想嬌容美貌妻。娶得美妻生下子，恨無田地少根基，買到田園多廣闊，出入無船少馬騎。槽頭扣了騾和馬，嘆無官職被人欺。當了縣丞嫌官小，又要朝中掛紫衣。若要世人心裡足，除是南柯一夢西。」

可見，「人心不足蛇吞象」，不是一句空言。做人如果不能控制自己的慾望，就會成為慾望的奴隸，最終喪失自我，被慾望所奴役。

控制慾望就要求我們必須不斷加強自身修養，時刻保持一顆平常心。面對誘惑，要能夠做到心如止水，不迷失方向，看得破，忍得過，做到守得住清貧、耐得住寂寞、經得住誘惑、堅守住自我，這樣才不會做出讓親者痛，仇者快的事情來。

【知古通今】

有這樣一個阿拉伯故事：

有一位老阿訇（阿訇，古波斯語詞彙，意為「老師」或「學者」）在山洞裡修道，忽然，一隻受傷的麋鹿逃到了這個山洞裡。洞外有一隊人馬追來，原來這隻受傷的麋鹿是正在山裡打獵的國王射中的。阿訇用寬大的袍襟把麋鹿掩起來。國王的部下追了過來，問阿訇是否見到了麋鹿，阿訇閉目養神置之不理。那個部下惱羞成怒，揚言要殺掉阿訇。

阿訇說：「你的國王是我奴隸的奴隸。」

國王的部下聽了更為憤怒，便欲拔劍刺向阿訇，這時正好國王走了進來。

阿訇說：「我以前給慾望當奴隸，現在修道了，不聽慾望的指揮了，我可以指揮慾望，慾望變成了我的奴隸。你雖然是國王，卻充滿了慾望，連一隻麋鹿都不肯放過，可見你聽從慾望的指揮，是慾望的奴隸。」

國王見阿訇不卑不亢，說話富含哲理，就放過了阿訇與那隻麋鹿，與部下退出了阿訇所住的山洞。

評析：

人冷了就要穿衣，餓了就要吃飯……為了生存，人不能沒有慾望。但人不能放縱自己的慾望，否則就會成為慾望的奴隸。那時，不是你想做什麼就做什麼，而是慾望讓你做什麼你就什麼。

【連結共享】

養志者，心氣之思不達也。有所欲，志存而思之。

——《鬼谷子．本經陰符七篇》

培養心志的人，是由於心氣之思不能上達的緣故。假如有什麼慾望，就在心志中去思想。

養志之始，務在安己；己安，則志意實堅。

——《鬼谷子．本經陰符七篇》

養志的首要任務，在於安定自己；自己安定，意志就堅定。

志不養，則心氣不固；心氣不固，則思慮不達；思慮不達，則志意不實。志意不實，則應對不猛；應對不猛，則志失而心氣虛；志失而心氣虛，則喪其神矣。神喪，則彷彿；彷彿，則參會不一。

——《鬼谷子．本經陰符七篇》

如果心志得不到修養，那麼心氣就不穩固；心氣不穩固，思慮就不暢達；思慮不暢達，意志就不堅定；意志不堅定，反應就不敏捷；反應不敏捷，就會失掉信心，心氣就會衰弱；如果心氣衰弱，神志就會喪失。如果神志喪失就會精神恍惚。精神恍惚，志、心、神三者就不協調了。

二十四　擁有一顆寧靜致遠之心

鬼谷子曰：「心欲寧靜……心安靜則神明榮。」（語出《鬼谷子・本經陰符七篇》）心都是要求寧靜的……心如果能寧靜，那麼精神就會爽朗。

寧靜致遠，象徵著一個人的修養、道德情操，甚至是靈魂深處的那份可貴的特質。寧靜致遠，可以化干戈為玉帛。

鬼谷子曰：「意慮定則心遂安，則其所行不錯，神者得則凝。」

——語出《鬼谷子．本經陰符七篇》

擁有一顆寧靜致遠之心

鬼谷子崇尚寧靜。

鬼谷子曰：「心安靜則神明榮。」心如果能寧靜，那麼精神就會爽朗。

在鬼谷子看來，人都應該擁有一顆寧靜致遠之心，這樣，心緒也就能把握更宏寬遼遠的時空，可以包容更多的事物，思維更加敏銳，記憶更加清晰，感受更加細膩，認識也更加全面。

（一）在自我認識方面

在自我認識的方面，靜觀有助於把握自我的真實本性，有助於萌生人生的慚悔意識，從而驅除痴心妄想，完善人生，達到修心養性的目的。此種靜觀，以夜深人靜之時為佳。

(二) 在個人心智的把握方面

很多人都有過這樣的經歷，或因外界嘈雜，或因內心煩躁，一些平時記住的內容，卻怎麼也不能回憶起來；境遇一變，或因外界清寧，或因內心寧靜，過去所遺忘的內容，又湧上心頭，恍在眼前。可見，人在或靜或躁的內外環境中，也顯然有了或明或暗的差異。所以，一個人如果常能身閒心靜，別人就難以用一時的榮辱得失來差譴他，別人也難以用一時的是非利害來矇蔽他。

(三) 在處事方面

經驗豐富者往往教誨初涉人世者遇事要冷靜處之，因為冷靜能使人對包括突發事件在內的各種事件，作出準確而又快捷的判斷與反應，能發揮個人心智的潛力。所以，冷靜與否，在某種程度上就是智慧與愚蠢的分水嶺，這是不因時代的變遷而有所變化的。

(四) 在待人接物方面

在日常的待人接物中，寧靜的心境有助於一個人始終保持謙遜的態度、溫和的語氣，既能給人留下親切的印象，又有助於問題的解決。

鬼谷子曰：「安靜五臟，和通六腑，精神魂魄固守不動，乃能內視、反聽、定志。」

意思是說，安靜五臟和通六腑，對精神魂魄都嚴加鎮守而不動，如此就能內自省察、外聽他人意見、志慮安定。

總之，寧靜的心境，足以使人把握更高遠、更深刻的思想，使人從容處世，它不僅是聖人的專利，更應是每一個人的智慧。

【知古通今】

曾有這樣一個脾氣急躁者，他因急躁而屢屢壞事，為了改掉自己工作生活中的急躁習性，他每天就用彩筆在自己的左手心上寫一個「靜」字，每到自己又將重犯急躁的毛病時，他就往手心多看幾眼，默默告誡自己：要冷靜冷靜再冷靜。

同時，在業餘時間，他透過參加多種體育運動、郊遊等，宣泄自己旺盛的精力，一段時間後，他的努力取得了成效，他不用再在手心上寫字了，因為自我克制已成為了他的自主意識的一部分，周圍的人也覺得他更通情達理，更易於接近了，他自己也有了心平氣和的良好感覺。

評析：

寧靜致遠是古往今來許多文人雅士的高尚情操，也是智者達人的選擇。古有陶淵明

「採菊東籬下」的悠然閒趣，有李白「舉杯邀明月」的灑脫……今有林清玄「溫一壺月光下酒」的沉著……這一切無不表現出雅士們如風平浪靜的湖水般平靜與祥和的性情。

【連結共享】

慮欲深遠……慮深遠則計謀成。

——《鬼谷子．本經陰符七篇》

思慮都是要求深遠的……思慮如果能夠深遠，那麼計謀就能成功。

意慮定則心遂安，則其所行不錯，神者得則凝。

——《鬼谷子．本經陰符七篇》

意慮如果能安定，那麼心氣就會隨之安定，他們的所作所為就不會錯，而精神所得到的就是安詳。

寧靜致遠

君子之行，靜以修身，儉以養德，非淡泊無以明志，非寧靜無以致遠。

大多數人都胸有大志，想做一番大事業，但也應認識到，志向高遠與崇尚淡泊、寧靜並非水火不容，恰恰相反，只有淡泊才能明志，只有寧靜才能致遠。

二十五 取人之長，補己之短

鬼谷子曰：「智者不用其所短而用愚人之所長。」（語出《鬼谷子・權篇》）有智慧的人不用自己的短處，而去利用愚蠢者的長處。

每個人都有自己的長處，也有自己的短處。懂得取人之長，補己之短，有利於個人的進步。

鬼谷子曰：「智者不用其所短而用愚人之所長；不用其所拙而用愚人之所工，故不困也。」

——語出《鬼谷子．權篇》

取人之長，補己之短

鬼谷子曰：「智者不用其所短而用愚人之所長，不用其所拙而用愚人之所工，故不困也。」

意思是說，有智慧的人不用自己的短處，而去利用愚蠢者的長處；不用自己不擅長的地方，而去利用愚蠢者的技巧之處，所以做起事來永遠順利。

在鬼谷子看來，「取長補短」是一個人為人處世的重要原則。

這使我們想起了這樣一則有趣的寓言故事：

盲人外出，在崎嶇的路上，時時受阻。

正好，他遇到了一個瘸子，就央求瘸子說：「大哥，可憐可憐我這個瞎子吧！你告訴我該怎麼走好嗎？」

瘸子回答說：「我是個瘸子，自己走路都一瘸一拐的，感到很困難，就是想幫你都幫不上忙啊！不過，你看上去倒挺身強力壯的。」

盲人說：「我身體是很棒，要是我能看得見路，走起來是不成問題的。」

瘸子說：「要不這樣吧！你背上我，我做你的眼睛，你做我的腿，咱們一起試試，看行不行。」

盲人說：「這真是個好主意，我雙手贊成，我們現在就合作吧！」

於是，盲人背起瘸子，他們一路走得又安穩又快樂。

上面這則簡短的寓言故事，很形象地說明了「取長補短」的必要性和益處。世界上的每一樣事物都是這樣，從不同的角度看，各有所長，各有所短，正所謂「智者千慮，必有一失；愚者千慮，必有一得。」唯有互相取長補短，才能相得益彰，各顯千秋。

長處和短處每個人都有，關鍵在於如何看待它們。有人以自己的長處自詡，而對別人的短處加以嘲笑，這樣的人常常因驕傲而失敗，也因輕視他人而人情淡薄。

長處是我們應該加以發揚的，但不可因自己有一技之長而目空一切；短處是我們應該時時自省並努力加以克服和避免的，切忌有意掩飾或者聽不進逆耳忠言。

鬼谷子說：「我們常討論怎樣做對自己有利，就是要發揮自己的長處；討論怎樣才能避害，就是要避開自己的短處。」

生活中，我們只有時時刻刻「揚長避短」、「取人之長，補己之短」，才能不斷進步。

【知古通今】

戰國時期，東胡、西胡等與趙國鄰近的游牧民族，善於騎射，經常派出騎兵侵擾趙國邊境，劫掠財物，擄奪人口，嚴重破壞了趙國的安寧。當時的趙國在匈奴和秦國的威脅之下，軍隊仍然沿用先秦以來的兵車為主的戰法，既無法對付機動靈活的匈奴騎兵，也無法對抗秦國軍隊。為了挽救危機，壯大趙國，趙武靈王決心進行改革，實行「胡服騎射」。

胡服騎射，本來是一項軍事改革，就是在裝備上向胡人學習，脫掉原來的寬袍大褂，扔掉戰車，穿上舉動靈便、騎射自如的窄袖短衣，推廣胡人騎馬作戰的戰術和訓練方法。可是這一方案一提出，就立刻遭到許多囿於舊俗的老臣們的強烈反對。趙武靈王的叔叔公子成就託病不出，加以抵制。他認為「襲遠方子服，變古之教，易古之道」，是忘記祖宗的大逆不道之行。

趙武靈王無奈，便親自去拜訪他。他向公子成指出變革的重要性：「兵不強難以守邊，國不壯不能拒敵。怎麼能陋古而違背了先王的大志，討厭變服卻忘記了為先王雪恥呢？」趙武靈王終於說服了公子成，並且賜給他一套胡服，讓他穿著上朝，接著便發布了胡服騎射的命令。他本人也著短裝，束皮帶，執皮鞭，躍馬引弓操練騎兵。胡服騎射的改革果然使趙國日益強大，趙王很快便兵發中山，滅掉了中山國，同時又北伐林胡、樓煩，西抗強秦，東擊燕齊。趙國稱雄一時，其他各國也紛紛效仿，車戰舊法從此廢止。

評析：

胡服騎射的歷史故事告誡我們，任何時候都不能夠夜郎自大，而要敢於、善於取長補短。趙武靈王不僅認清了自己國家的短處：士兵常穿的衣服袖子過長，領口也寬，下擺大，行路做事都不方便，更別提行軍打仗了；而且也看到了經常來侵犯自己國家的敵人東胡、林胡小袖短褂與騎射作戰的長處。於是，他明智地決定以敵為師，學習少數民族的長處以彌補自己的短處，結果使得趙國一躍而成為戰國七雄之一。

【連結共享】

智者不用其所短而用愚人之所長；不用其所拙而用愚人之所工；故不困也。言其有利者，從其所長也；言其有害者，避其所短也。

——《鬼谷子．權篇》

有智慧的人不用自己的短處，而去利用愚蠢者的長處；不用自己不擅長的地方，而去利用愚蠢者的技巧之處，所以做起事來永遠順利。我們常討論怎樣做對自己有利，就是要發揮自己的長處；討論怎樣才能避害，就是要避開自己的短處。

二十六 學習「泥魚」的生存之道

鬼谷子曰：「世無可抵，則深隱而待時；世有可抵，則為之謀。」（語出《鬼谷子・抵巇》）當世道不需要「抵巇」時，就深深地隱藏起來，以等待時機；當世道需要「抵巇」時，則積極入世，為之而謀劃。

「泥魚」遇到旱災，就找一棲息之地將自己「隱藏」起來，等雨季到來，它們又恢復活力。「泥魚」的生存之道值得我們學習。

鬼谷子曰：「近而不可見者，不察其辭也；遠而可知者，返往以驗來也。」

——語出《鬼谷子．抵巇》

學習「泥魚」的生存之道

鬼谷子曰：「世無可抵，則深隱而待時；世有可抵，則為之謀。」

意思是說，當世道不需要「抵巇」時，就深深地隱藏起來，以等待時機；當世道需要「抵巇」時，則積極入世，為之謀劃。

所謂「抵」，即抵塞；所謂「巇」，即縫隙。「抵巇」，原指把缺漏的地方堵塞起來，在這裡指堵塞漏洞、彌補縫隙、挽救潰敗。鬼谷子所說的正是「泥魚」的生存之道。

泥魚是中國古典文獻中描述的一種魚。既然是魚，自然棲息在水中。每當旱災降臨時，所有魚都拚命地尋找賴以活命的水，可惜到最後，很多魚還是一命嗚呼。

泥魚卻毫不慌張，牠們悠然自得地觀察著四周，找一塊足以長期容身的泥地，把自己整個身體浸入泥裡，如同冬眠的動物一動也不動，這就是牠們所採取的「深隱」戰術。由於泥魚具備這種特殊的生存本能，並且一直能夠維持到半年之久，因而能夠更多地生存下來。

隨著自然界春夏秋冬的變化，雨季終於到來，河水猛漲，此時泥魚的黃金時期到來了，牠們又採取「積極入世」的姿態，從泥裡鑽出來，在水裡悠哉游哉，不亦樂乎。此時其他的魚幾乎死光，牠們的屍體變成了泥魚的食物，泥魚因而獲得很快的繁殖，儼然成為河川裡的統治者。

從某種意義上來說，人也應該學習泥魚的這種生存祕訣。一個人在得勢時，似乎一切事情都能順利地完成；反之，在失勢時，一切彷彿都不能順利完成，越是努力，事態彷彿越是惡化。鬼谷子認為，失勢之時，最好採取「深隱」的態度進行持久戰，以等待有利時機的到來。

鬼谷子的「抵巇術」和「泥魚」的生存之道提醒我們：在面臨不利於自己的形勢時，不能手忙腳亂，亂了章法，而要沉著冷靜，以頑強的意志、堅定的信念渡過難關；隨著外部局勢的變化，有利於自己的黃金時期一定會到來，再採取「積極入世」的戰術，「為之謀」。

【知古通今】

魏明帝時，曹爽和司馬懿同朝執政。司馬懿被升做太傅，其實是明升暗降，軍政大權落入曹爽家族。司馬懿見此情景，便假裝生病，閒居家中等待時機。

曹爽驕橫專權，不可一世，唯獨擔心司馬懿。正值李勝升任青州刺史，曹爽便叫他去司馬府辭行，實為探聽虛實。司馬懿明晰實情，就摘掉帽子，散開頭髮，擁被坐在床上，假裝重病，然後請李勝入見。

李勝拜見過後，說：「一向不見太傅，誰想病到這般。現在我調做青州刺史，特來向太傅辭行。」

司馬懿佯答：「並州靠近北方，務必要小心啊！」

李勝說：「我是往青州，不是並州！」

司馬懿笑著說：「你是從並州來的？」

李勝大聲說：「是山東的青州！」

司馬懿笑了起來：「是青州來的？」

李勝心想：這老頭怎麼病得這般厲害？都聾了。

「拿筆來！」李勝吩咐，並寫了字給他看。

司馬懿看了才明白，笑著說：「不想耳都病聾了！」手指指口，侍女即給他喝湯，他用口去飲，又吐了滿床，噎了一番，才說：「我老了，病得又如此沉重，怕活不了幾天了。我的兩個孩子又不成才，望先生訓導他們，如果見了曹大將軍，千萬請他照顧！」說完又倒在床上，喘息起來。

李勝拜辭回去，將情況報告給曹爽，曹爽大喜，說：「此老若死，我就可以放心了。」

從此對司馬懿不加防範。

司馬懿見李勝走了，就起身告訴兩個兒子說：「從此曹爽對我真的放心了，只等他出城打獵的時候，再給點厲害讓他嘗嘗。」

不久，曹爽護駕，陪同明帝拜謁祖先。司馬懿立即召集昔日部下，率領家將占領了武器庫，並威脅太后，消除曹爽羽翼，然後又騙曹爽，說只要交出兵權，並不加害他。等局勢穩定了，司馬懿就把曹爽及其黨羽通通處斬，自己順利掌握了魏朝軍政大權。

評析：

鄭板橋說：「大巧若拙，大勇若怯，天下之智皆在一個『藏』字。」與人交往，藏得巧妙，則能後發制人、出其不易，比之鋒芒畢露者不知高出多少倍。

【連結共享】

物有自然，事有合離。有近而不可見，有遠而可知。近而不可見者，不察其辭也；遠而可知者，返往以驗來也。

——《鬼谷子．抵巇》

世間事物都有自己獨特的自然屬性，社會事件有自己的分合規律。但對這些屬性和規律，有的近在身邊卻難以看透，有的遠在天邊卻瞭若指掌。近在身邊卻難以看透，是因為沒有掌握它自身的特徵；遠在天邊卻瞭若指掌，是因為對它的歷史和現狀做了深入的分析。

二十七　做人應積極主動

鬼谷子曰：「世可以治，則抵而塞之；不可治，則抵而得之。」（語出《鬼谷子．抵巇》）當世道可以治理時，就要採取彌補的「抵」法，使其得到彌合繼續保持它的完整，繼續讓它存在下去；如果世道已壞到不可治理時，就用破壞的「抵」法（徹底把它打破），占有它並重新塑造它。

一個人要想有所成就，就必須積極主動。有能力就應該去施展，有抱負就應該去實現。如果一味退讓，那麼終將一事無成。

鬼谷子曰：「世可以治，則抵而塞之；不可治，則抵而得之。」

——語出《鬼谷子．抵巇》

做人應積極主動

「抵」，本意是指抵塞、抵擋，但在〈抵巇〉中，鬼谷子卻發掘出了它的另一層意思，即取代，頂替。

鬼谷子曰：「世可以治，則抵而塞之；不可治，則抵而得之；或抵如此，或抵如彼；或抵反之，或抵覆之。」

意思是說，當世道可以治理的地步時，就要採取彌補的「抵」法，使其得到彌合繼續保持它的完整，繼續讓它存在下去；如果世道已壞到不可治理時，就用破壞的「抵」法（徹底把它打破），占有它並重新塑造它。或者這樣「抵」，或者那樣「抵」；或者透過「抵」使其恢復原狀，或者透過「抵」將其重新塑造。

也就是說，當社會矛盾已經尖銳到不可調和、無法「抵而塞之」的時候，就只能夠當仁不讓地取而代之，重建一個天下大治的社會。比如古時候的夏桀荒淫無度，暴虐無道，為政殘暴，破壞農業生產，對外濫施征伐，勒索小邦，對內不聽忠臣諫言，殘害忠良，已經到了無可救藥的地步，於是商湯取而代之，舉事推翻了夏朝，建立了商朝。無獨有偶，周武王也是在商紂的暴政到了無以復加的境地時，才順應民心，取而代之，建立周朝的。春秋戰國時期，諸侯更是互不相讓，能者當權。

鬼谷子認為，有才能的人在輔佐他人時，若被輔佐的對象胸懷廣博，善於納諫，即使有小毛病也是瑕不掩瑜，不足以影響他清明為政，那麼，作為輔佐的臣子，就要設法幫助他彌補小過失小缺漏。但是，如果被輔佐的對象根本聽不進規諫，暴虐非常，那麼，有才智有能力的人就應該當仁不讓，取而代之。

鬼谷子的「抵而得之」，孔子的「當仁不讓」，孟子的「捨我其誰」，張載的「為天地立心，為生民立命，為往聖繼絕學，為萬世開太平」，顧炎武的「天下興亡，匹夫有責」，李大釗的「鐵肩擔道義」，不僅是歷代知識分子的信仰，更是他們崇高歷史使命感的人生實踐。

在現實生活中，有才能的人應該盡力發揮自己的聰明才智，該擔當大任時就要當仁不讓，遇到應該做的事而且自己確實有資格、有能力，就不要錯失良機，應積極主動去做，不推辭。

【知古通今】

唐高祖李淵自太原起兵，奪取了大部分天下後，封嫡長子李建成為皇太子，次子李世民為秦王。

太子中允王、洗馬魏徵也屢次勸說太子：「秦王李世民功蓋天下，內外均歸心於他；而殿下不過是因為年長才被立為太子，沒有大功可以鎮服天下。理當及早動手除去秦王，以免後患無窮。」於是，太子李建成與其弟齊王李元吉聯手，一次又一次地欲置李世民於死地。

他們唆使後宮的嬪妃日夜不停地在高祖面前誣陷秦王。久而久之，高祖信以為真，便準備懲治李世民，但是因為是自己的親生兒子，手心手背都是肉，因此，對無故殺秦王的做法，並不贊同。

此時政治風雲變幻莫測，秦王府大有黑雲壓城之勢，秦王的部屬人人憂慮，個個恐懼，不知所措。秦王府的幕僚長孫無忌、房玄齡、杜如晦等人，多次極力勸說李世民，要他早下決心，誅殺太子和齊王。秦王李世民雖是高祖的次子，但從最初的太原起兵，到統一天下，他都一直起著決定性的作用，實際上是大唐帝國的真正締造者。長期的征戰，使他的手下人才濟濟，秦王府中，既有房玄齡、杜如晦、徐茂公等足智多謀的策士，又有程咬金、尉遲敬德、秦叔寶等威名顯赫的驍將。他們希望李世民取代李建成，成為太子。

在李建成、齊王咄咄逼人之際，秦王又想讓人占卜是否應該行動，適逢幕僚張公瑾從外面進來，一把搶過龜甲，扔在地上說：「占卜是為了解決疑難，眼下的事毫無疑問可言，還占卜做什麼？如果占卜的結果不吉利，大王您難道放棄這次行動嗎？」李世民這才定下了行動的決心，決定當仁不讓，取而代之。當下經過一番緊鑼密鼓的策劃，這年（西元六二六年）六月初發動了玄武門兵變，誅殺了李建成和李元吉。

六月初七，高祖立李世民為太子，還頒布詔書說：「從今天起，天下大事，均交付太子決定，然後朕再聽奏報。」所以，實際上，從這一天起，李世民已是當政的皇帝了。

評析：

唐太宗是中國歷史上頗有作為的一代君王。他在位期間勵精圖治，使得唐朝初期的政治經濟文化得到了全面發展，出現了「貞觀之治」的繁榮景象。試想，假如當初李世民一味顧及手足之情，一讓再讓，一忍再忍，不聽從房玄齡、杜如晦、徐茂公等足智多謀的策士勸他當仁不讓、取而代之的建議，還會有這些非凡的成就嗎？

【連結共享】

自天地之合離，終始必有巇隙，不可不察也。察之以捭闔，能用此道，聖人也。聖人者，天地之使也。

——《鬼谷子．抵巇》

自從天地生成以來，任何事情的發展變化過程中必然會出現縫隙，這是我們不可不留心觀察的。用捭闔之術去明查世道，又能運用這種抵巇之術去解決問題，就是聖人了。聖人是能夠發現並掌握自然規律和社會發展規律的人。

二十八 有所為，有所不為

鬼谷子曰：「古之善用天下者，必量天下之權，而揣諸侯之情。」（語出《鬼谷子・揣篇》）古代善於統治天下的人，必然首先權衡天下各種力量的輕重，揣摩諸侯的實情。

人有智慧，懂得思考，所以在面對抉擇時，要審時度勢，權衡利弊，知道何者該為，何者不該為。

鬼谷子曰：「古之善用天下者，必量天下之權，而揣諸侯之情。」

有所為，有所不為

——語出《鬼谷子．揣篇》

鬼谷子認為，治理天下的人必須審時度勢，權衡利弊得失，以確定何者該為、能為，何者不該為、不能為，從而有所為，有所不為。

鬼谷子在〈決篇〉中也提到，決斷任何一件事情必會有所得也必有所失。君子有所為，有所不為，但「有所為」的前提必須是趨吉避凶，其結果應該是利大於弊、得多於失。

鬼谷子之所以強調「量權」，其目的就是要在審時度勢、權衡利弊得失之後，能作出正確的選擇。凡選擇，必然有所放棄，有所不為，有所為。須知，有所放棄、有所不為正是為了更好地有所作為。正如孟子所說：「人有不為也，而後可以有為。」這裡的「有為」、「有所為」均是指一種大的作為，也即成就一番大事業。

鬼谷子所說的「量權」，簡單地說就是審時度勢、權衡利弊得失，以便「兩害相權，取其輕」，作出正確的取捨。鬼谷子深知「計謀不兩忠，必有反忤；反於是，忤於彼；忤於此，反於彼」，辦成要辦的事，實現預定的計謀，都是為了自己的評價，合乎這一方的利益，就要背叛那一方的利益。凡是計謀不可能同時忠於兩個對立的方面，必然違背某一方的意願。合乎這一方的意願，就要違背那一方的意願；違背那一方的意願，才可能合乎這一方的意願。這就是「忤合」之術。

一旦選好目標，確定了自己將有所為，就要鍥而不捨，實現目標，成就偉業。但若選擇的目標不切合實際，主客觀條件都阻礙其實現，此時就要知難而退，作出適當調整，重新確立一個可行的目標，再展宏圖。真正有智慧的人，懂得選擇，懂得放棄。只有放棄才能全心全意進行新的選擇，才有機會獲得最終的成功。比如，蘇秦初出山時，原本打算西行入秦說服秦惠王採納連橫戰術以滅六國。但客觀上當時的秦國還不具備統一六國的條件，主觀上秦惠王剛剛將商鞅處以極刑，很厭惡遊說之士。蘇秦將主客觀條件一綜合分析，便明智地把自己的將「有所為」重新確定為說服六國以合縱抗秦。

【知古通今】

Nishiki 尿布是日本福岡市一家名叫 Nishiki 的公司生產的。Nishiki 公司原來是一家生產雨衣、泳帽、遮雨棚等橡膠製品的綜合性企業。第二次世界大戰後，面對越來越激烈的市場競爭，Nishiki 公司感到無所適從，訂貨不足，公司面臨倒閉的危險。

一個偶然的機會，Nishiki 公司的老闆多川博從日本政府發布的人口普查資料中獲悉，日本每年大約出生兩百五十萬嬰兒。這條不顯眼的資訊使多川博忽發奇想，加上潛在的尿布國際市場，數量一定非常可觀！

接著，多川博進一步考察了國內生產尿布的廠家，發現大企業根本不屑生產這類產品，連小企業也嫌棄，轉產尿布一定大有可為！

多川博立即行動，他組織了一輪改革，在生產上不斷採用新技術、新材料、新設備，推出深受懷孕婦女歡迎的多模式的「Nishiki」尿布。到了一九八〇年代，年產尿布已達一千多萬條，老闆多川博更博得了「尿布大王」的美譽。

Nishiki 公司在雨衣市場競爭激烈的情況下，毅然轉產尚無人生產的嬰兒尿布，是很有策略眼光的。這說明即使是小產品，只要有廣闊的潛在市場，也是可以賺大錢的。

評析：

Nishiki 公司的老闆在訂貨不足、公司面臨倒閉的危急時刻，仍然能保持冷靜，審時度勢，從而發現了一條潛在的商機（同時也是 Nishiki 公司的轉機）。在對潛在的市場進行調查（權衡利弊得失）後，他重新作出了選擇，迅速對公司進行了有組織有步驟的調整，停止生產滯銷的雨衣、泳帽、遮雨棚等橡膠製品，轉而推出了全新產品——

「Nishiki」尿布，結果公司不僅沒有倒閉，反而大賺了一筆。

【連結共享】

古之善用天下者，必量天下之權，而揣諸侯之情。量權不審，不知強弱輕重之稱；揣情不審，不知隱匿變化之動靜。

——《鬼谷子．揣篇》

古代善於統治天下的人，必定能準確地把握天下政治形勢的變化，揣摩諸侯的實情。如果對權勢分析不全面，就不可能了解諸侯力量的強弱虛實；如果對諸侯的實情揣摩得不夠全面，就不可能掌握事物暗中變化的徵兆。

二十九　得饒人處且饒人

鬼谷子曰：「非獨忠信仁義也，中正而已矣。」（語出《鬼谷子・謀篇》）聖人處世並不是單純講求忠信仁義，不過是在維護不偏不倚的正道而已。

為人處世要把握一定的尺度，做任何事情都不能太過，要有一定的分寸。遇到他人有過失，應該點到為止，得理饒人。

鬼谷子曰：「聖人之制道，在隱於匿。非獨忠信仁義也，中正而已矣。」

——語出《鬼谷子．謀篇》

得饒人處且饒人

鬼谷子在講聖人處世之道時，說：「非獨忠信仁義也，中正而已矣。」意思是說，聖人處世並不是單純講求忠信仁義，不過是在維護不偏不倚的正道而已。

所謂「中正」，即不偏不倚。鬼谷子認為，做人做事要把握一定的尺度。也就是說，適度為美，過度為醜；適度為福，過度為禍。世間萬物，必有度。水冷卻至零度，便會結冰，加熱至沸點，必然沸騰；酒是好東西，可飲酒過度便會傷身甚至生亂；快樂是好事，可高興過度便會失態。失態與過度，都是失衡。

與人相處，最難的是適可而止，得理饒人，給別人留些餘地，讓其有改過自新的機會。人非聖賢，孰能無過？我們自己犯錯時，不是也希望別人手下留情嗎？

待人處事「得理」固然重要，但絕對不可以「不饒人」。留一點餘地給得罪你的人，不但不會吃虧，反而還會有意想不到的驚喜和感動。

每個人的價值觀、生活背景都不同，因此，生活中出現分歧在所難免。大部分人一旦身陷鬥爭的漩渦，便不由自主地焦躁起來。一方面為了面子，一方面為了利益，因此一旦得了「理」便不饒人，非逼得對方鳴金收兵或投降不可。然而，「得理不饒人」雖然讓你吹響了勝利的號角，但這卻也是下一次爭鬥的前奏。因為對方雖然「戰敗」了，但為了面子或利益，他自然也要「討」回來。

日常生活中，切記留一點餘地給得罪你的人。否則，不但消滅不了眼前的這個「敵人」，還會讓身邊更多的朋友疏遠你。給對方一個台階下，為對方留點面子和立足之地。這樣做並不是很難，而且如果能做到，他也會心存感激，就算不感激，至少也不太可能與你為敵。況且，這個世界本來就很小，若哪一天兩人再度狹路相逢，屆時若他勢強而你勢弱，你想他會怎麼對待你呢?得理饒人，也是為自己留條後路。

總之，人際交往的基本準則是理解和寬容。與人交往就像山谷的回音，你發出的什麼聲音，反饋的就是什麼聲音。所以，如果意氣用事，往往會為自己日後的工作和生活埋下隱患。

人與人之間，難免發生矛盾與衝突，就算是在衝突中占優勢的一方，也要不斷提醒自己做到「得饒人處且饒人」。

【知古通今】

二〇〇四年八月二十三日，雅典奧運男子單槓決賽正在激烈進行。二十八歲的俄羅斯名將涅莫夫第三個出場，他以連續騰空抓槓的高難度動作征服了全場觀眾，但在落地的時候，他出現了一個小小的失誤——向前移動了一步，裁判因此只給他打了九點七二五分。

此刻，奧運史上少有的情況出現了：全場觀眾不停地喊著「涅莫夫、涅莫夫……」，並且全部站了起來，不停地揮舞手臂，用持久而響亮的噓聲表達自己對裁判的憤怒。比賽被迫中斷，第四個出場的美國選手保羅．哈姆雖已準備就緒，卻只能尷尬地站在原地。

面對這樣的情景，已退場的涅莫夫從座位上站起來，向朝他歡呼的觀眾揮手致意，並深深地鞠躬，感謝他們對自己的喜愛和支持。涅莫夫的大度進一步激發了觀眾的不滿，噓聲更響了，一部分觀眾甚至伸出雙拳，拇指朝下，做出不文雅的動作來。

面對如此巨大的壓力，裁判被迫重新給涅莫夫打了九點七六二分。可是，這個分數不僅未能平息觀眾的不滿，反而使噓聲再次響成一片。

這時，涅莫夫顯示出了他非凡的人格魅力和寬廣胸襟。他重新回到賽場，舉起右臂向觀眾致意，並深深地鞠了一躬，表示感謝；接著，他伸出右手食指做出噤聲的手勢，然後將雙手下壓，請求和勸慰觀眾保持冷靜，給保羅．哈姆一個安靜的比賽環境。

涅莫夫的寬容，讓中斷了十幾分鐘的比賽得以繼續進行。

在那次比賽中，涅莫夫雖然沒有拿到金牌，但他仍然是觀眾心目中的「冠軍」；他沒有打敗對手，但他以自己的寬容贏得了觀眾。

評析：

寬容是金，涅莫夫的寬容值得稱道。生活中出現摩擦、不快和委屈也是常有的事，這時，我們不能以針鋒相對，因為怨恨就像是一顆氣球，越吹越大，最後會膨脹到無法控制的地步。面對怨恨，我們應該不念舊惡，不計新仇，能寬容時就寬容，得饒人處且饒人。

【連結共享】

相益則親，相損則疏，其數一也。此所以察異同之分，其類一也。

——《鬼谷子．謀篇》

共同獲取利益就能保持親密關係，使一方遭受損失必然導致疏遠，任何事情的道理都是這樣。用這種道理去考察人們的相親相疏，其原因也在於此。

聖人之制道，在隱於匿。非獨忠信仁義也，中正而已矣。

——《鬼谷子．謀篇》

聖人處世的訣竅，就在於他們隱藏不露的手段。聖人處世並不是單純講求忠信仁義，不過是在維護不偏不倚的正道而已。

三十　為人處世的方圓之法

鬼谷子曰：「圓者，所以合語；方者，所以錯事。」（語出《鬼谷子・本經陰符七篇》）所謂「轉圓」，就是要語言靈活、合乎要求；所謂「從方」，就是使事物依規矩而行。

方圓有致，是為人處世的核心要訣。方就是講原則，有主見；圓就是講策略，有技巧。

鬼谷子曰：「圓者，所以合語；方者，所以錯事；轉化者，所以觀計謀；接物者，所以觀進退之意。」

——語出《鬼谷子．本經陰符七篇》

為人處世的方圓之法

鬼谷子曰：「圓者，所以合語；方者，所以錯事。」

意思是說，所謂「轉圓」，就是要語言靈活、合乎要求；所謂「從方」，就是使事物依規矩而行。

在鬼谷子看來，為人處世應講求方圓之法。

鬼谷子發現，人們在為人處世中常存在著兩種錯誤：一種是喜歡認死理，不知變通；另一種是人云亦云，毫無原則、主見。前者為人處世只知「方」，後者為人處世只知「圓」。方圓分開，為人處世必然失敗。

有圓無方則不立

人的智慧應該圓潤無礙，但人生活在具體的社會歷史環境之中，在語言和行為上卻不能沒有原則和規矩，不能摸棱兩可。否則，從大的方面而言，社會秩序和正確的思想觀念就不能確立；從小的方面而言，個人也不能在社會中立足。

一個國家有自己的法律制度；一個軍隊有自己的紀律條令；一個人有自己的主張和原則——這些都是「方」。這種「方」，猶如一座大廈的鋼筋水泥結構，是大廈賴以存在、支撐和矗立的基礎。

一個人為人處世，只有圓，沒有方，處處「打太極拳」，說話態度不鮮明，讓人摸不著頭腦；行為上不果斷，猶猶豫豫，則讓人覺得過於圓滑，沒有個性，或缺少魄力，很難得到別人的尊敬，同時也很難在社會上成就一番事業。

有方無圓則滯泥

只有方，沒有圓，做人只知死守一些規矩和原則，毫無變通，不懂得根據具體的情況靈活把握，則流於呆滯和拘泥，走向了另一個極端。

比如，成語中的「鄭人買履」和「刻舟求劍」的故事，前者是「泥」，後者是「滯」。「泥」就是固執、不知變通，有所束縛，有所困頓的意思；「滯」就是停滯、呆滯，沒有運動、發展、變化的意思。這兩個故事很好地表達了「有方無圓則滯泥」的含義。

一個人為人處世，只有方，沒有圓，處處「鑽牛角尖」，過於講原則，過於直率，過於拘泥於忠信仁義等規矩禮法，則讓人覺得過於以自我為中心，認死理，缺乏變通，往往被認為是很難相處的人，從而被大家孤立。

鬼谷子在〈本經陰符〉中說：「圓者不行，方者不止，是謂大功。」也就是說，「圓」與「方」要互相配合使用，二者缺一不可，只有方圓變通，才能成就大事業。

【知古通今】

清初，有位詩賦名家叫周宛雲，當時慕名拿詩向他請教的人絡繹不絕，都以能見他一面、聆聽他的教誨而深以為幸。

剛開始時，周宛雲見別人千里迢迢向他求教，特別盡心，是非曲直，好壞褒貶，一點也不隱瞞，以為只有這樣，這些求教於自己的人才會有所收穫。誰知這些人拿著詩稿都是興沖沖而來，經他批評一番之後，一個個垂頭喪氣而去。時間一長，外面議論宛雲老先生的話便多了起來：有人說他狂傲，有人說他自以為是，有人說他浪得虛名，有人說他黑白不分等等。

周宛雲老先生十分後悔，對朋友訴苦說：「我既不想招來別人的怨恨，更不想把他們狗屁不通的詩說成是天下絕作，這樣該如何是好呢？」朋友淡然一笑，撫慰他說：「你呀！既不說他詩好，又不說不好，只說一句『真不容易』不就結了？」

周宛雲老先生豁然開朗，對朋友這一妙招點頭稱是。

這一天，又有個老頭騎著毛驢帶著上百卷詩稿前來向他求教，他改變以前的做法，和顏悅色地問老頭：「您做詩到如今有多少年頭了？」老頭頗為自豪地說：「快四十年啦！」周宛雲老先生用手拍拍詩稿：「在四十年裡，竟能作出一百多卷詩來，真不容易呀！」老頭連說：「哪裡哪裡！」心滿意足而去。

從此以後，向周宛雲請教的人都高興而來，滿意而歸。他們回去都向別人說：「宛雲老先生說我的詩不容易，真是有眼光！」

評析：

為人處世，只知「方」，少權變常碰壁，一事無成；只知「圓」，多機巧則是沒有原則、主見的牆頭草；方圓有致，才是智慧與通達之道。

【連結共享】

轉圓者，或轉而吉，或轉而凶。聖人以道先知存亡，乃知轉圓而從方。圓者，所以合語；方者，所以錯事；轉化者，所以觀計謀；接物者，所以觀進退之意。

——《鬼谷子．本經陰符七篇》

所謂轉圓者，有的轉為吉祥，有的轉為凶險。聖人掌握規律而先知存亡之理，然後再「轉圓」、「從方」，順應規律。所謂「轉圓」，就是要語言靈活，合乎要求，所謂「從方」，就是使事物依規矩而行。「轉化」就是為了觀物設計，「接物」就是為了觀察進退。

方圓處世

「方」，是規矩，是準則，是框架，是做人之本。它規定人應該做什麼，不應該做什麼，怎樣做更規範。

「圓」，是通融，是弧線，是潤滑，是處世之道。它要求人能適應，會變通，左右逢源。

三十一　拒絕別人的學問

鬼谷子曰：「若欲去之，因危與之。」（語出《鬼谷子．內揵》）要想拒絕對方，就要設法給人一種錯覺。

拒絕，也是一門學問，應該體現出個人品德和修養，使別人在你的拒絕中，一樣能感覺到你是真誠的、善意的、可信的。

鬼谷子曰：「智用於眾人之所不能知，而能用於眾人之所不能見。」

——語出《鬼谷子．謀篇》

拒絕別人的學問

鬼谷子認為，每個人都無法做到「有求必應」，必須學會拒絕。

鬼谷子曰：「若欲去之，因危與之。」

意思是說，要想拒絕對方，就要設法給人一種錯覺。

鬼谷子並非叫我們耍詐，而是要我們注意拒絕別人的方式、方法。

概括而言，拒絕別人我們應該遵循以下原則：

（一）說出真實情況

在拒絕的過程中，若想和對方保持良好關係，就要採取換位的思想、同情的語調來處理。有的人在拒絕別人的時候，因為不好意思而不敢實話實說，採用閃爍其辭的方式，這樣反而讓對方產生很多不必要的誤會。其實，拒絕本是件很正常的事情，別人向你求助的時候，也多少會有這個思想準備。只要處理得當，因為拒絕而損害人際關係的並不多；倒是拒絕的時候吞吞吐吐、模稜兩可，反而讓人迷惑反感，而更容易影響人際關係。

(二) 選擇好拒絕的時間、地點和時機

當你拒絕別人的時候，這些是必須考慮的因素：及早拒絕，以免耽誤了對方的計畫、傷害對方。要據事實向對方表明你的態度，好讓對方有所準備。在婉言拒絕的時候，一定要讓對方覺察到你的態度，不要繞了半天連自己都不知道表達的是什麼意思，更別說對方能不能理解了。一定要讓對方明白：這次拒絕，並不代表永遠拒絕。從場合來看，在小的場合更容易拒絕對方，也更容易被對方接受。從心理學的角度來說，和對方正對著臉的時候，拒絕最難以讓人接受。

(三) 給對方留條退路

當拒絕那些總喜歡堅持自己的意見、自以為是的人時，要好好考慮。這種人的自尊心很強，直接拒絕的方式無疑會使他們下不了台。所以，你首先就要把對方的話從始至終地再聽一遍。當你仔細聽完對方的話後，心裡再決定怎樣去拒絕和說服對方。最好能引用對方的話來「不肯定」他的要求的方式，給他留下足夠的面子。這類人都是聰明人，你的「不肯定」，他也就心領神會了。

（四）用友情來說服對方

要讓自己拒絕的意見不引起對方的反感，最好讓他明白：你是他忠實的朋友；自己並不強迫他接受反對的意見；你是最關心他的人，是從他的長遠利益來考慮的。

【知古通今】

北宋中期，蘇軾與兄弟蘇轍均在朝中做官，前來「走後門」的人絡繹不絕，他們二人不勝其煩。有一次，蘇轍的一個朋友來到蘇府，想讓蘇轍幫他謀個差事。蘇轍躲著不見，這個人便向蘇軾求助。

蘇軾沒有辦法，就讓他進了屋子。蘇軾不提找差事的問題，卻給他講起了故事：「傳說有一個窮得一無所有的人去盜墓。挖開第一個墓，只見裡面躺著一個光著身子的古人，嘴裡還唸唸有詞，『你沒聽說過漢朝楊王子孫輕財傲世，下葬時連衣服都不穿嗎？我自己都光著身子，還能拿什麼接濟你呢？』」

求職者聽得津津有味，於是蘇軾繼續講下去：「窮漢又鑿開第二個墓，墓中是個帝王，他很和氣地說，『我是漢文帝，早已立下遺詔，墓中不入金玉之物，你還是到別處去吧！』」蘇軾講到這裡哈哈大笑，求職者似乎明白了蘇軾講這個故事的用意，臉上不覺有些發紅。

蘇軾又講了起來：「窮漢氣得沒辦法，又去找墓。他發現有兩座連在一起的墓，便首先鑿開右邊的墓，只見一個羸弱的身影走了過來，對他說，『我是伯夷，早年餓死在首陽山下，我怎麼能滿足你的要求呢？』窮漢只得去挖右邊的墓，伯夷勸道，『那裡住著我的兄弟叔齊，他狀況和我差不多，我看你是白費力氣。」

聽到這裡，求職者徹底明白了蘇軾的用意，以有急事為由匆匆地離開了蘇府。

評析：

蘇軾透過借題發揮表明了自己的立場，間接地達到了自己的目的，拒絕了別人。生活中，該拒絕別人的時候，就應該拒絕，千萬不要為了面子而盲目地答應別人，否則，因此而丟失了信用，對人對己都是巨大的損失。

【連結共享】

若欲去之，因危與之。環轉因化，莫知所為，退為大儀。

——《鬼谷子．內揵》

要想拒絕對方，就要設法給人一種錯覺。就像圓環旋轉往復一樣隱藏自己的真實意圖，樹立進退的基本原則。

智用於眾人之所不能知，而能用於眾人之所不能見。

——《鬼谷子．謀篇》

智慧是用在眾人所不知道的地方，用在眾人所看不見的地方。

凡謀有道，必得其所因，以求其情；審得其情，乃立三儀。三儀者，曰上、曰中、曰下，參以立焉，以生奇；奇不知其所壅；始於古之所從。故鄭人之取玉也，載司南之車，為其不惑也。

——《鬼谷子．謀篇》

對於一個人來說，凡是籌劃計謀都要遵循一定的法則。一定要弄清原由，以便研究實情。根據研究來確定「三儀」。「三儀」就是上、中、下。三者互相滲透，就可謀劃出奇計，而奇計是所向無敵的，從古到今都是如此。所以鄭國人入山採玉時，之所以帶上指南針，是為了不迷失方向。

三十二　努力提高自己的創新能力

鬼谷子曰：「其摩者，有以平，有以正；有以喜，有以怒……。」（語出《鬼谷子．摩篇》）在運用「揣摩之術」的時候，有用和平進攻的，有用正義責難的；有討好的，有用憤怒激勵的……。

人們在做任何事情時，都應該對各種技巧進行靈活運用，不拘泥於一法一式，要勇於創新。

鬼谷子曰：「其摩者，有以平，有以正；有以喜，有以怒；有以名，有以行；有以廉，有以信；有以利，有以卑。」

——語出《鬼谷子．摩篇》

努力提高自己的創新能力

鬼谷子強調，善於運用摩術，就是要對「平」、「正」、「喜」、「怒」、「名」、「行」、「廉」、「信」、「利」、「卑」等各種技巧進行靈活運用，不拘泥於一法一式，要勇於創新。

在〈摩篇〉中，鬼谷子還進一步闡述道：「故聖人所以獨用者，眾人皆有之；然無成功者，其用之非也。」說明，以上提到的各種技巧，都是聖智之士十分明了並暗中使用的手段，都是從眾人身上汲取總結而來的，但眾人運用這些手段卻難以奏效，是因為他們不像聖人那樣能用到點子上，該用什麼手段就用什麼手段。

鬼谷子在〈謀篇〉中也有：「正不如奇，奇流而不止者也。故說人主者，必與之言奇。」君王處於封建社會等級金字塔的頂端，自信自傲有別於他人，況且，「普天之下，莫非王土」，「故說人主者，必與之言奇」。這裡所說的「奇」，也是創新的意思。鬼谷子的這一思想為後人所牢記。

戰國時期，齊國的靖郭君將要築建自己的封地薛城，賓客多來勸阻，但靖郭君都聽不進去，還命令左右不要再為說客通報。這時有個齊國人前來，說：「鄙人只說三個字就走，多一個字，就請受烹刑。」左右報告靖郭君，靖郭君感到非常奇怪，答應接見。

那個齊國人恭敬地走了進來，說：「海——大——魚。」說完扭頭就走。靖郭君心想：這是什麼話，沒頭沒腦，趕緊叫住他問：「先生，話還沒說完呢！」齊國人說：「鄙人不敢拿生命開玩笑！」靖郭君說：「你不要有什麼顧慮，請繼續說下去。」齊國人便說：「您沒聽說過海中的大魚嗎？魚網不能捕到它，魚鉤釣不到它，卻因自己不檢點，離開了水，使得螞蟻之類的昆蟲得意了。現在的齊國，也就是您的水，您如果想長久得到齊國的庇蔭，築建薛城有何必要呢？如果失去了齊國的庇蔭，即使是將薛城築建得與天齊高，又有什麼意義呢？」靖郭君心悅誠服地說：「先生說得好。」於是放棄了築建薛城的打算。

齊國人對靖郭君的進言沒有像其他賓客一樣千篇一律地開口就勸阻，而是出乎靖郭君的意料之外，只說了三個莫名其妙的字。他的勸諫不可謂不勇於創新。

毋庸置疑，創新的作用是巨大的，因此，我們必須勇於創新、善於創新。而要想做到創新，就必須注意以下幾點：

（一）養成多方面考慮的習慣

遇到問題要注意從多方面考慮，而且要持之以恆，更要養成良好的思考習慣。只有這樣，創新才能在不知不覺中出現，而單純的為創新而創新，出現的可能性也不會很大。只有從多方面考慮和解決問題，才能出現解決問題的靈感，才能創新。千萬不要把靈感放走，生活中每個人都是有靈感的，一旦產生就要記錄下來，時間一長，新的思路、方法和途逕自然就出現了。

（二）必須堅持思維的相對獨立性

思維的相對獨立性是創造性思維的必備前提。愛因斯坦說過，應當把發展獨立思考和獨立判斷的一般能力放在首位。想提高創新思維能力就必須在思維實踐中不迷信前人，不盲從已有的經驗，不依賴已有的成果，獨立地發現問題、思考問題，在獨闢蹊徑中找到解決問題的有效方法。

（三）必須用知識武裝自己

任何創造都是對知識的綜合運用。創造性思維作為一種思維創新活動，必然要以知識的擁有作為前提條件。沒有豐富的知識作基礎，思維就無法產生聯想，也不可能利用知識的相似點、交叉點、結合點引發思維轉向，更不可能由一條思維路線轉移到另一條思維路線，實現思維創新。

【知古通今】

一九九七年，葉茂中自己接手第一個廣告——為黑龍江「小雨點」飲料進軍北京市場做策劃。在對當時北京飲料市場的市場份額、市場結構進行調查後，葉茂中設計了「緊急尋找小雨點」、「北京正在找她」和「小雨點找到了」等一系列懸念廣告，使「小雨點」飲料僅用四十二萬元就在可口可樂、雪碧、芬達等群雄爭霸的北京市場占據了一席之地。西元一九九八年，《中國經營報》將這個系列策劃評為一九九七年中國最佳市場推廣策劃案。

繼「小雨點」之後，葉茂中又相繼策劃了珍奧核酸項目。雖然服務的都是中小客戶，但每一個都力求簡單、直接，能打動消費者。在他做完永林藍豹強化木地板的廣告之後，第一個大客戶聖像製造集團慕名而來，葉茂中的廣告生涯由此開始了。

繼聖像製造集團之後，海王生物工程股份有限公司、寧波大紅鷹工貿公司等一些有實力、有知名度的大企業也開始與葉茂中合作，這是多少廣告人夢寐以求的事情，而完成這個過程葉茂中僅用了三年的時間。因此有人說，葉茂中很幸運，一出道不是找客戶，而是客戶找他。而公司剛成立的時候，葉茂中有近兩年的時間就睡在辦公室的行軍床上，行軍床被睡壞了兩個。為海王做策劃的時候，葉茂中曾累得暈倒在地上，為聖像做策劃的時候，葉茂中曾累得吐血。即使是這樣，這個總是感嘆自己是天底下一個辛苦的人依舊固執地認為，在人生的某一階段，對生命負責的態度就是玩命。

創新並不是一件簡簡單單的事，創新需要堅持，甚至需要有那種玩命的精神。葉茂中是個創新高手，可在他的創新背後又有著多少心酸，多少奮鬥啊！

評析：

卓越的思考力是成就大事之人應該具備的能力。要想成就大事，使自己的未來幸福而美麗，就得有過人之處，而這些過人之處便是思考與創新的產物，因此，我們應該養成不斷思考和勇於創新的好習慣。

【連結共享】

其摩者，有以平，有以正；有以喜，有以怒；有以名，有以行；有以廉，有以信；有以利，有以卑。

——《鬼谷子．摩篇》

在運用「揣摩之術」的時候，有用和平進攻的，有用正義責難的；有討好的，有用憤怒激勵的；有用名聲威嚇的，有用行為威逼的；有用廉潔感化的，有用信義說服的；有用利益誘惑的，有用謙卑套取的。

三十三 謹記「禍從口出」

鬼谷子曰：「古人有言曰：『口可以食，不可以言。』言者有諱忌也。」（語出《鬼谷子．權篇》）古人說：「有時候嘴只可以用來吃飯，不可以用來說話。」這是因為話一旦說出口，弄不好就會觸犯忌諱，給自己招致災禍。

生活中，說話口無遮攔，很容易引起誤會。俗話說：「言者無心，聽者有意。」說話之前還是應該多想想，以避免產生不必要的誤會。

鬼谷子曰：「古人有言曰：『口可以食，不可以言。』言者有諱忌也。」

——語出《鬼谷子．權篇》

謹記「禍從口出」

在〈權篇〉中，鬼谷子借用古人的話告誡我們：「口可以食，不可以言。」

意思是說，有時候嘴只可以用來吃飯，不可以用來說話。

那麼，這是為什麼呢？

鬼谷子說：「這是因為話一旦說出口，弄不好會觸犯忌諱，給自己招致災禍。」

俗話說「禍從口出」，言語有時候是招致災禍的根源。所以，為人處世要想不招惹是非，消災滅禍，就要做到謹言慎語。所謂「謹言」，不是不說話，而是該說的說，不該說的不說；所謂「慎語」，是指考慮好了再說。

俗話說：「良言一句三冬暖，惡語傷人六月寒。」人與人之間的交流應平等地進行，說話和藹，善解人意，不能居高臨下。慣於伶牙俐齒、語不饒人的人更應謹言慎語，以免惹事生非。這是一種修養。坦誠固然可以，但不分場合、地點、對象，一律口對著心、有什麼說什麼，是萬萬不可取的，一個人不可能保證自己所想、所做的都正確，聽話人的接受能力也不盡相同。所以，不問青紅皂白的直言快語，輕則使人下不了台，重則造成傷害。

「閒談莫論他人過」。背後議論人，早晚有一天會傳到當事人耳中，且經過多次轉播之後，原文早已走樣，當事人聽到的往往是誇張變形了的版本，結果不言而喻。發牢騷也是一樣。遇到不平事，透過發牢騷取得心理平衡本無可厚非，但牢騷太盛往往會偏激。特別是有針對性的，向大家都熟悉的人發牢騷，常常會遭人怨恨。

「以責人之心責己，以諒己之心諒人」，一個人生氣發怒時，常常會說出失禮的話，所以必須注意控制自己的情緒。

遇事要先想想自己是否也有欠妥的地方，從對方的角度看看他是否也有些道理，這樣就容易使自己平靜下來。另外，當自己情緒高漲時，千萬注意防範唯恐天下不亂的好事之徒或借你之口出其之怒的偽君子。當然，忍氣制怒並不等於生悶氣，而是透過忍來爭取時間，冷靜思考，從而得出盡可能與實際情況相符的結論。

總之，我們必須時刻警惕自己的言語，避免「禍從口出」。

【知古通今】

第二次世界大戰剛結束的一天晚上，美國人戴爾．卡內基在倫敦得到了一個極有價值的教訓。

那天晚上，卡內基參加了一個宴會。宴席上，坐在卡內基右邊的一位先生講了一段笑話，並引出了一句話，意思是謀事在人，成事在天。

他說那句話出自《聖經》。他錯了，卡內基知道，且很肯定地知道出處，一點疑問也沒有。於是，卡內基糾正了他的錯誤。可那人立刻反唇相譏：「什麼？出自莎士比亞？不可能，絕對不可能！那句話出自《聖經》。」他自信確實如此！

那位先生坐在卡內基的右邊，卡內基的老朋友法蘭克．格蒙坐在卡內基的左邊，他研究莎士比亞的著作已有多年，於是，卡內基和那位先生都同意向他請教。格蒙聽了，在桌下踢了卡內基一下，然後說：「戴爾，這位先生沒說錯，《聖經》裡有這句話。」

那晚回家的路上，卡內基對格蒙說：「法蘭克，你明明知道那句話出自莎士比亞。」

「是的，當然，」他回答：「《哈姆雷特》第五幕第二場。可是親愛的戴爾，我們是宴會上的客人，為什麼要證明他錯了？那樣會使他喜歡你嗎？為什麼不給他留點面子？他並沒問你的意見啊！他不需要你的意見，為什麼要跟他抬槓？應該永遠避免跟人家正面衝突。」

評析：

元代作家在《勸忍百箴》中指出：「亂之所生也，則言語以為階；口三五之門，禍由此來。」即是說，禍事的由來，是由言語引起的；口是記載日、月、星三辰和宣揚金、木、水、火、土五行的，禍害便由口出。俗話說：「言必多失。」這是勸誡人們要慎思慎言，不可多語妄言，因為稍不注意，禍害就可能由此產生。

【連結共享】

言多必有數短之處。

——《鬼谷子．持樞》

話說多了一定有失誤。

無目者，不可示以五色；無耳者，不可告以五音。

——《鬼谷子．權篇》

對色彩感覺不敏銳的人，不能給他欣賞各種色彩；對聽覺不敏銳的人，不能跟他談論音樂變化。

三十四　不要「道聽途說」

鬼谷子曰：「古人有言曰：『眾口鑠金。』言有曲故也。」（語出《鬼谷子・權篇》）古人說：「眾口一辭，可以把金屬般堅固的東西說破。」是因為言語中有邪曲的緣故。

對於「道聽途說」的東西，我們應不傳播、不輕信，以事實為依據加以檢驗。

鬼谷子曰：「古人有言曰：『眾口鑠金。』言有曲故也。」

——語出《鬼谷子．權篇》

不要「道聽途說」

意思是說，古人說：「眾口一辭，可以把金屬般堅固的東西說破。」是因為言語中有邪曲的緣故。

「鑠」，熔化。「眾口鑠金」，形容輿論力量大，連金屬都能熔化，比喻眾口一詞可以混淆是非。

下面這則故事，正是對鬼谷子所說的「眾口鑠金」的詮釋：

從前費地有位名叫曾參的很賢能的人，他的母親一直為他感到驕傲。

一天，有個與曾參同姓同名的人殺了人。

有人告訴曾參的母親，說：「曾參殺人了。」

曾參的母親說：「我的兒子不會殺人。」她仍然鎮靜地織布。

過了一會，又有一個人跑來說：「曾參殺人了。」曾參的母親不理他，仍然鎮靜地織布。

又過了一會，又有人來說：「曾參殺人了。」曾參的母親便不由得相信了，她驚恐萬分，扔掉梭子，翻過垣牆，逃跑了。

就連曾參這樣賢德的人，他的母親都對他產生了疑惑和不信任。由此可見，「眾口」確實能「鑠金」，謊言一再重複就彷彿成了真理。

鬼谷子借古人的話提醒我們，對於任何事情，都不能偏聽偏信，更不要輕信謠言。判斷一件事情的真偽，必須經過細心考察和思考，不能道聽途說。

生活中，我們難免會聽到一些似是而非的東西，而且可能出自眾人之口，對此我們應該保持理智，用正確的態度去對待它們。

首先，要做到不傳播。無論別人說的是不是事實，我們都沒有傳播的必要。事實上，我們聽到的往往並非是事實，將沒有根據的事情傳播給別人，就是一個「道聽途說」的造謠生事者。

其次，要做到不輕信。不是自己親眼所見的，不能輕信；更何況有時即使是自己親眼所見，也不一定是真實的。對於與自己沒有任何關係的事，我們不必理會；而與我們有關的，我們也應保持冷靜，用事實去檢驗，用大腦去思考，其真相必然一目瞭然。

最後，我們應該堅定自己。有時候，真理往往掌握在少數人手裡，做任何事情，不要因為別人沒有參與或別人說什麼而否定自己，一定要堅信自己的選擇，這才是邁向成功的起點。

【知古通今】

齊國有個人叫毛空，他愛聽那些沒有根據的事情，然後再把自己聽到的津津有味地講給別人聽。

有一次，毛空聽到一隻鴨和一塊肉的事，他覺得非常稀奇古怪，便告訴艾子。

毛空說：「有一個人，養了一隻特別能生蛋的鴨子，那鴨子一天能生一百多顆蛋。」

艾子不信，毛空又說：「那可能是兩隻鴨子。」

艾子搖頭，毛空又改口說：「那麼大概是三隻鴨子生的。」

艾子還是不信。毛空說：「那也可能是四隻、八隻、十隻……」

過了一會，毛空又對艾子說：「那天，從天上掉下一塊肉，那塊肉長有三十丈，寬有十丈。」

艾子又不信，毛空急忙改口說：「那麼是二十丈長。」

艾子仍不相信。毛空又改口：「一定是十丈長了。」

艾子實在忍不住了，再也不願意聽毛空瞎吹，便反問道：「你說的那隻鴨是誰家養的？你說的那塊肉掉在了什麼地方？」

毛空支支吾吾說不出來，最後只好說：「我是在路上聽別人說的。」

艾子聽後，笑了。他轉身對站在身後的學生們說：「你們可不要像他那樣『道聽途說』啊！」

評析：

《戰國策．魏策》載：「夫市之無虎明矣，然而三人言而成虎。」街市上沒有老虎是明擺著的事情，可連續三個人說有虎，人們便真的相信有虎了。「三人成虎」，比喻說的人多了，就能使人們把謠言當事實。《論語．陽貨》中說：「道聽而途說，德之棄也。」道聽途說，是有道德的人所鄙棄的。生活中，對於流言蜚語、道聽途說，我們應正確對待。

【連結共享】

不可往者，無所開之也；不可來以者，無所受之也。

——《鬼谷子．權篇》

不能前去遊說他的，是因為他暗滯不值得開啟；不能前來遊說他的，是因為他淺薄沒有接受的能力。

物有不通者，故不事也。

——《鬼谷子．權篇》

事物不通達，不能成就大事。

三十五 成功需要累積

鬼谷子曰：「為強者，積於弱也。」（語出《鬼谷子・謀篇》）強大的是由弱小積聚而成。

世上沒有一蹴可幾的成功，任何人都只有透過不斷的努力，才能凝聚起改變自身命運的力量。

鬼谷子曰：「為強者，積於弱也。」

——（語出《鬼谷子．謀篇》）

成功需要累積

鬼谷子曰：「為強者，積於弱也……有餘者，積於不足也。」

意思是說，強大的是由弱小積聚而成……有餘的是由不足積聚而成。在鬼谷子看來，累積是由弱變強、由不足變有餘的重要方法。

現實生活中，每一個想要成功的人都應該學會累積。

成功需要累積，大凡在事業上有所建樹的人，都善於累積。

明朝卓越的醫藥學家李時珍，不畏困難，跋山涉水，採集了多種醫藥。他走過許多地方，虛心向當地人請教，廣泛收集藥物標本和民間藥方，以使自己的藥物知識不斷增多。日復一日，年復一年，他累積了上萬個醫方，糾正了以往藥物學書中的許多錯誤。這為他編寫醫藥學書提供了充足的材料。李時珍經過二十七年的不懈努力，終於寫成了《本草綱目》。這是一部具有總結性的藥物學巨著，成為世界醫學的重要文獻。

清朝小說家曹雪芹出生於官宦之家。他在年輕時善於觀察，記下許多有關官宦之家的事情，為以後在《紅樓夢》裡寫史、薛、王、賈這四家的興衰史作了很好的準備。

李時珍與曹雪芹的故事告訴我們，要想成就大事業，必須從一點一滴的努力中創造和累積成功所需的條件。累積並不是一朝一夕能完成的，它是一項長期而又艱苦的工作。

事物的發展是一個由量變到質變的過程，只有量變累積到一定程度才會發生質變。成功是一種突破，是質變，只有經過長時間的努力和累積，才會取得成功。

然而，在我們身邊卻有這樣一些人，他們心浮氣躁，平時不努力，小事看不起，只想坐等機會到來，一舉成功。但是，他們最終往往一事無成。要知道，「不積跬步，無以至千里；不積小流，無以成江海」，無論是大成功還是小成績，都需要努力才能實現，都需要累積才能得到。無論做什麼事情，都不能急於求成，不能眼高手低，光想做大事，對小的努力、小的成績不屑一顧。事實上，只有從大處著眼，小處著手，不斷累積一點一滴的成績，累積到一定程度突破臨界點後，才會發生改變，才會突破現狀，脫穎而出，達到新的境界，那將是更大的成功。

【知古通今】

二十世紀初，有個叫威廉．江恩的美國人在為自己的人生艱苦努力著。他整天躲在狹小的地下室裡，將數百萬根的K線一根根地畫到紙上，貼到牆上，接下來便對著這些K線靜靜地思索，有時他甚至能面對著一張K線圖發呆幾個小時。後來他乾脆把自美國證券市場有史以來的記錄蒐集到一起，在那些雜亂無章的數據中尋找著規律性的東西。由於沒有客戶賺不到薪水，許多時候，威廉．江恩不得不靠朋友的接濟勉強度日。這樣的情況持續了六年。

六年的時光裡，江恩集中研究了美國證券市場的走勢與古老數學、幾何學和星象學的關係。

六年後，江恩成立了自己的經紀公司，並發現了最重要的有關證券市場發展趨勢的預測方法，他把這一方法命名為「控制時間因素」。就此，他在金融投資生涯中賺取了五億美元的財富，成為華爾街上靠研究理論而白手起家的神話人物。威廉．江恩成為了世界證券行業人盡皆知的最重要的「甘氏理論」的創始人。如今，他的理論被譯成了十幾種文字，成為世界各地金融領域的從業人員必備的知識。

評析：

生活中，每個人都有夢想，都渴望成功，然而志大才疏往往是阻礙人取得成功的最大的障礙。志大才疏的人，常常看到的只是成功者功成名就時的輝煌，而往往忽略了他們在此之前所進行的艱苦卓絕的努力。

【連結共享】

聖人之道陰，愚人之道陽；智者事易，而不智者事難。

——《鬼谷子．謀篇》

聖人運用謀略的原則是隱而不露，而愚人運用謀略的原則是大肆張揚。

智用於眾人之所不能知，而能用於眾人之所不能見。

——《鬼谷子．謀篇》

智慧是用在眾人所不知道的地方，用在眾人所看不見的地方。

三十六　靈活處世的九種方法

鬼谷子曰：「與智者言，依於博。」（語出《鬼谷子．權篇》）與有智慧的人溝通、交流，你需要知識廣博。

生活中，與不同的人溝通、交流，應該運用不同的方法、策略，做到區別對待、靈活應對。

鬼谷子曰：「智者達於數，明於理，不可欺以不誠，可示以道理，可使立功。」

——語出《鬼谷子．謀篇》

靈活處世的九種方法

鬼谷子是為人處世的高手，他在〈權篇〉中為我們介紹了左右逢源的處世方法：

（一）「**與智者言，依於博**」

與有智慧的人溝通、交流，你需要知識廣博，讓他能夠從你的言談中有所獲得或者得到啟發。

（二）「**與拙者言，依於辯**」

與笨拙的人溝通、交流，你需要幫助他理順觀點，辨清是非。

（三）「**與辯者言，依於要**」

與能言善辯的人溝通、交流，你需要傾聽，並從他的言談中有所獲得或者得到啟發。

給對方。

（四）「與貴者言，依於勢」

與高高在上、氣勢逼人的人溝通、交流，你要具備充分的自信，切不可在氣勢上輸給對方。

（五）「與富者言，依於雅」

與有錢人溝通、交流，千萬別談錢和物質生活方面的話題，談點高雅的，如文學、藝術等。

（六）「與貧者言，依於利」

與窮苦的人溝通、交流，來點實際的小恩小惠比較實在，或者給點生財之道的建議也不錯。

（七）「與賤者言，依於謙」

與地位卑賤的人溝通、交流，應當謙虛，讓對方感受到你對他的尊重。

（八）「與勇者言，依於敢」

與勇敢、直率的人溝通、交流，應表現出對對方氣魄的欽佩，同時還應當表現出你的勇敢與直率，為他「鼓而呼」。

（九）「與過者言，依於銳」

與犯了錯誤的人溝通、交流，應當給他以信心，鼓勵他「知錯能改，善莫大焉」。

事實上，在現實生活中，我們要做到鬼谷子所說的左右逢源很難，但我們不應該因此而放棄努力。與人交往始終運用一種方法，顯然缺乏變通，往往會被人認為是一個固執己見的人，從而影響人際關係，難以擁有好的人緣。

當然，需要提醒的是，鬼谷子主張靈活處世，並不是讓我們沒有原則、喪失做人的準則。鬼谷子認為，靈活處世是「圓」，做人的準則是「方」，「方圓有致」才是正確的處世之道。

【知古通今】

二次世界大戰期間，美國太平洋戰區司令官布雷德利奉命，要執行一次危險而緊急的任務。他立刻召集了手下將士，排成一個長列。

「這次我們的任務既艱鉅又危險！」布雷德利用眼角掃了大家一眼，「有哪位願意冒險擔任這次任務的，請向前走兩步……。」

此時適逢一位參謀遞給他一項最新的戰報，於是布雷德利和這位參謀交頭接耳了片刻。可等到他處理完戰報再面對行列中的眾將士時，發現長長的隊伍仍是一條直線，沒有一個人比旁邊的人多向前兩步。

他按捺不住了，兩眼放出火辣辣的光芒……。

「報告司令！」只見站在最前排的一個人要向他稟報點什麼。布雷德利威嚴地一揮手，阻止住了他，接著以十分憤慨的口吻說：「養兵千日，用兵一時。現在情況緊急，竟然沒有一個人願意承擔這項任務！這是為什麼？」

「報告司令！」還是站在最前排的那個人說，「我們剛才每個人都向前跨了兩步，所以仍然是條直線！」

評析：

這則故事提醒我們，除非我們要剝奪一個人的話語權，否則，我們就應該讓說者把話講完。別人要講話的時候，一定有他要講的理由，作為聽者，應該耐心聽他講完。否則，不分青紅皂白地訓斥別人，傷害了別人的心靈，後悔也就來不及了。其實，處世要注意的地方很多，我們只有在生活中多學習、多總結、多思考，才能做到方圓無礙。

【連結共享】

夫仁人輕貨，不可誘以利，可使出費；勇士輕難，不可懼以患，可使據危；智者達於數，明於理，不可欺以不誠，可示以道理，可使立功。

——《鬼谷子．謀篇》

一個有仁德的君子，自然會輕視財貨，所以不能用金錢來誘惑他們，而可以讓他們捐出資財；一個有勇氣的壯士，自然會輕視困難，所以不能用憂患來恐嚇他們，而可以讓他們鎮守危地；一個具有智慧的聰明人，他們通達一切事理，所以不能用不誠實來欺騙他們，而應該用講道理跟他們相處，同時也可以使他們建功立業。

三十七 人應具備的四種修養

鬼谷子曰：「安徐正靜，其被節無不肉。」（語出《鬼谷子・符言》）如果一個人能安、徐、正、靜的話，那麼他的修養自然能達到應有的境界。

安詳、從容、正直、沉靜，這四種修養是我們每一個人都應該努力去擁有的。

鬼谷子曰：「目貴明，耳貴聰，心貴智。」

——語出《鬼谷子·權謀》

人應具備的四種修養

鬼谷子曰：「安徐正靜，其被節無不肉。」

意思是說，如果一個人能安、徐、正、靜的話，那麼他的修養自然能達到應有的境界。

對於「其被節無不肉」，陶弘景注釋說：「被，及也。肉，肥也。謂饒裕也。言人若居位能安徐正靜，則所及人節度，無不饒裕。」

由此可見，鬼谷子非常推崇「安」、「徐」、「正」、「靜」四種修養。鬼谷子認為，每一個人都應該努力具備這四種修養。

（一）「安」

所謂「安」，即安詳。

安詳是一種良好的性格特點，它與寬容結伴，與慈愛為伍。一個人能以寧靜的心境，從容地看天空雲卷雲舒，看地上花開花落，看世間人聚人散，這便是一種安詳的修養了。

安詳顯示的是一種成熟。在經歷了風雨和坎坷之後，為人處世有了萬事隨緣的感悟，不再如少年那般張狂，也不像青年那麼浮躁，言談文雅有序，舉止從容不迫。能靜下心來，客觀地總結自己的成敗榮辱，是非得失。唯有成熟的人生，才能沉靜安詳、高潔大氣。

有了安詳的修養，就會慈祥、和善、安穩、寬容、和顏悅色、言語和舒、舉措自如，心能止其所止、行其所行，這是心靈沉靜不為外物所擾的「自由、自覺」的境界。

(二)「徐」

所謂「徐」，即從容。

從容，即舒緩、平和、樸素、泰然、大度、恬淡之總和。從古至今，「徐」對於大多數人而言，都是一種難得的境界和氣度。

明代養身學家呂坤在《呻吟語》中曾這樣告誡我們：「天地萬物之理，皆始於從容，而卒於急促。」並說「事從容則有餘味，人從容則有餘年」。

從容之人，為人做事不急不緩、不躁不亂、不慌不忙、井然有序。面對外界環境的各種變化不慍不怒、不驚不懼、不暴不棄。雖遭挫折而不沮喪，雖獲成功而不狂喜。

從容，不僅反映了一個人的氣度、修養、性格和行為方式，而且是一種符合人的生理、心理需要的有節律的、和諧、健康、文明的精神狀態和生活方式。

從容，是一種理性，一種堅忍，一種氣度，一種風範。只有從容，才能臨危不亂；只有從容，才能舉止若定；只有從容，才能化險為夷；只有從容，才能榮辱不驚；只有從容，才能風雲在握……。

(三)「正」

所謂「正」，即正直。

正直，即公正坦率。「正身直行，眾邪自息」，是講為人正直，巍然屹立。正直，是中華民族的傳統美德，是為人處世的珍貴品格。

正直者無私。正則品端，直則「人」立。古語有云：「心如規矩，志如尺衡，平靜如水，正直如繩。」正直意味著高標準要求自己，不論說話做事，心懷道義，牢記責任，有明確的是非觀、價值觀。於己不謀私不貪利不飾非，於人不陽奉陰違，於事主持公道，維護正義。

正直者無虛。正直的人認真、誠信、務實，認真理、說實話、做實事，從不虛假、藏掖、欺瞞。對人，「敞開心扉給人看」；對事，既求水落石出，又要不達目的不罷休。

正直者無曲。正直的人，誘不倒、壓不垮、騙不了，眼不容沙，心不染塵；不玩「彎彎繞」，不搞「曲徑通幽」。他們不怕「直如弦，死道邊」，不屑「曲如鉤，反封侯」；也不會把自己分兩半，口是心非，兩面三刀。他們始終聞正言，行正道，修正果。

正直者無畏。正直者義無反顧，對的敢堅持，錯的敢反對，追求真理胸有膽魄，求真務實不辭辛苦。

當然，正直也不是認死理，而是理智的堅韌和執著。

(四)「靜」

所謂「靜」，即沉靜。

沉靜是一種高超的修養。擁有沉靜修養的人甘於寂寞，不動聲色；沉著自信，默默進取；與人無爭，寬容忍讓。

沉靜是一種達人的風範。有沉靜的雅量，才能榮辱不驚，默默進取；有沉靜的襟懷，才能卓爾不群，自成一家。

沉靜是一種人生的姿態。沉靜不是出世，而是「採菊東籬下」的那份悠然；沉靜不是冷漠，而是「本來無一物，何處惹塵埃」的那份灑脫。沉靜與年齡無關，卻與閱歷結緣。閱世越多，體會越深。倘若記憶之閘拉起，沉靜便會助你把持住一顆平常心。那些失之交臂的遺憾，那些有意無意的錯失，那些目睹了他人春風得意後的豔羨、自卑、甚至嫉妒，都會在沉靜的提示下一笑相忘。因為，一切都是句號，一切又是起點；不以物喜，不以己悲，憂樂循環風水輪轉，其妙諦不在結局，而在過程。只要自己曾全力付出，就安之若素，問心無愧。沉靜在此時，於內是自持、自省、自重、自強；於外，是安詳的氣度、沉著的步履，是嚴師、益友，是一雙脈脈無語的眼睛……。

【知古通今】

王羲之的家族是東晉有名的望族，他的兩位伯父是擁立司馬睿建立東晉的功臣，一位叫王導，任東晉宰相；另一位叫王敦，任大將軍，掌管東晉的兵馬大權。當時社會上流傳著「王與馬，共天下」的說法。王氏家族在東晉政權中，權勢之盛，地位之高，無與倫比。

王敦雖已位極人臣，享盡榮華，但他的野心很大，一心想嘗嘗當皇帝的滋味。王敦的謀士錢鳳一直在給王敦問鼎的野心鼓動打氣，他自己也想借此撈個開國的元勛。二人氣味相投，狼狽為奸。

初夏的一個早晨，王敦起床不久，錢鳳急如星火地走進王府大門，直奔客廳而來，王敦得報後立即到客廳與他見面。錢鳳欲言又止，向王敦使了個眼色。王敦抬起右手揮了揮，幾個僕人都知趣地退了下去。二人關起門來，談起了「謀反」的機密。

錢鳳用極為神祕的口氣小聲地對王敦說著。他帶給王敦的似乎是一個不祥的消息，王敦聽著聽著，眉頭也漸漸地皺了起來。二人情緒緊張，嘰嘰咕咕地談了好一陣子，王敦突然神情激動地站了起來，手一揮，錢鳳正在說話，突然停了下來。原來王敦透過窗子，看到對面房間裡垂著的幃帳動了一動，這時他想起姪兒王羲之還在床上睡覺。

王羲之那時才十一歲，平時最受王敦喜愛。王敦把聰明機靈、悟性極高的王羲之看作是維持王家世家大族地位的「榮譽」標誌之一，是王家下一代人中的佼佼者。因此，他經常把王羲之帶在身邊，留他在自己府中生活。這一次，王羲之已連續幾天吃住在王敦家中了，他的臥室恰好緊挨著客廳。當錢鳳到來時，因為雙方都很緊張，王敦便把王羲之在屋裡睡覺的事忘得一乾二淨。直到王敦站起身來，看到帳子動了一下才想起來。王敦大驚失色地對錢鳳說：「不好！羲兒還在這裡睡覺，我們剛才說的話，讓他聽去了可怎麼辦？」

策劃起兵、奪位，是冒天下之大不韙的事，一旦走漏風聲，策劃者必將身死名敗，王敦和錢鳳對此是十分清楚的。經王敦提起，兩眼露出凶光的錢鳳對王敦急促地說：「大將軍，計畫洩漏出去，我們就死無葬身之地了。量小非君子，無毒不丈夫啊！」錢鳳慫恿王敦去殺王羲之。

半晌，王敦沒有吭氣。

「大將軍，要成大事，必須敢做敢為。當斷不斷，反受其亂啊！」錢鳳焦急地催促王敦下手。

聽了錢鳳的話，王敦心一橫，腳一跺，說：「對，不能兒女情長。」接著轉頭向著王羲之睡覺的那個房間點點頭，「羲兒呀，你就莫怪我這做伯伯的無情無義了！」王敦說著「颼」的一聲，拔出寒光逼人的青龍寶劍，提劍直奔王羲之睡覺的床前，錢鳳緊隨其後。

王敦左手撩起幃帳，正待揮劍砍下去，卻突然停了下來。原來王羲之這時發出微微的鼾聲，睡得正香，胸脯隨著均勻的呼吸一起一伏，王敦掀起帳子，王羲之也毫無反應。王敦愛憐地望著十分鍾愛的姪兒，慶幸自己的密謀並沒有被姪兒聽去，於是，打消了殺姪兒的念頭。王敦將寶劍插入鞘中，拉著錢鳳的手走出去了。

真懸啊，王羲之差一點就成了伯父王敦的劍下冤魂了。其實，在錢鳳進門時，王羲之已醒來，無意中聽到了伯父與他的談話。王羲之很快意識到了處境的危險。

當王敦提劍向他走來時，王羲之緊張得心幾乎堵住了嗓子眼，他盡力使自己平靜下來，兩眼閉著，神態自若，完全像睡著一樣，一點破綻也沒有露出來。王敦因此才沒有下手。

王羲之以自己的機智避免了一場無妄之災，保住了自己的性命。

評析：

憑藉一份從容，諸葛亮舌戰群儒談笑自若；憑藉一份從容，關雲長單刀赴會豪氣萬千。從容是泰山崩於前而色不改的鎮定自若，從容是「運籌帷幄之中，決勝千里之外」的指揮若定。從容是歷經滄桑，閱盡浮華，洗盡躁動後的返璞歸真，是一種源自內心深處的豁達與樂觀。「寵辱不驚，閒看庭前花開花落；去留無意，漫看天上雲卷雲舒。」從容是一種無慾無求的淡泊與超然。「不管風吹浪打，勝似閒庭信步。」從容是一種傲視萬物的樂觀與曠達。從容是「山中習靜觀朝槿，松下清齋折露葵」的雅趣，是「桃花流水窈然去，別有天地非人間」的悠閒。

【連結共享】

目貴明，耳貴聽，心貴智。

——《鬼谷子·權謀》

眼睛最重要的就是明亮，耳朵最重要的就是靈敏，心神最重要的就是聰明。

用賞貴信，用刑貴正。

對臣民進行獎賞時，最重要的是必須守信；對臣民處以刑罰時，最重要的就是必須公正。

修身養性

從廣義上講，「修養」是指人們在政治、道德、學術以至技藝等方面進行的勤奮學習和涵養鍛鍊的功夫，以及經過長期努力達到的一種能力或思想特質；從狹義上講，「修養」通常是指思想品德修養。

三十八 磨練自己的意志

鬼谷子曰：「知其固者，自養也。」（語出《鬼谷子・本經陰符七篇》）

懂得如何固守自己意志的人，是具有自我修養的人。

擁有堅強的意志的人才有可能獲得成功，而意志薄弱的人只能無所作為、平庸一生。

鬼谷子曰：「相益則親，相損則疏。」

——語出《鬼谷子．謀篇》

磨練自己的意志

鬼谷子認為，人必須有自己的威勢。

所謂「自己的威勢」，是相對於外在的威懾力量而言的。

那麼，人如何擁有自己的威勢呢？

鬼谷子曰：「神存兵亡，乃為之形勢。」

意思是說，一個人內在精神力量強大起來時，外在的威懾力量就會減弱下去，甚至消亡，於是，這就形成自己的威勢了。

在鬼谷子看來，人只有磨練自己的意志，才能擁有強大的威勢。

其實，我們每一個人都應該磨練自己的意志。

人生好比行路，路上難免會遇到曲折坎坷，所以我們就需要用堅強的意志來引導我們不斷前行。

古人云：「鍥而捨之，朽木不折；鍥而不捨，金石可鏤。」可見，堅強的意志對人生有著極大的作用。

莎士比亞說：「我們的身體就像一個園圃，我們的意志就是這園圃的園丁。無論我們插蓖麻、種萵苣、栽下牛膝草、拔起百里香，或者單獨培育一種草木，或者把滿園種得萬卉紛呈，或者讓它荒廢也好，或者把它辛勤耕耘也好，都在於我們的意志。」這也是從某種角度上說明，人生需要堅強的意志。

人生道路，到處布滿了荊棘，有著各種各樣的挫折。人走在這條崎嶇的道路上，如果沒有堅強的意志，那麼必將碌碌無為。如果一個人擁有堅強的意志，即使遇到困難和挫折，也不會停下來，跌倒了爬起來，拍拍手繼續前進。那麼，他將擁有真正的人生，收穫成功的喜悅。

「疾風知勁草」，「烈火見真金」，只有戰勝困難險阻，才能體現出意志的堅強。漢朝的史學家、文學家司馬遷就是一個擁有堅強意志的人。司馬遷由於為戰敗投降匈奴的漢將軍騎都尉李陵說情，觸怒了漢武帝，被受以腐刑。為了實現志向，他隱忍苟活。經過十六年艱苦的寫作，終於完成了《史記》。

「繩鋸木斷，滴水穿石」，「只要功夫深，鐵杵磨成針」。這些都說明，要想事業成功，學業有成，沒有長年累月、堅持不懈的辛勤耕耘是不可能的。王羲之父子之所以能成為著名的書法家，是因為他們每天堅持不懈地練字，從不間斷。

總之，每個人都應該磨練自己的意志。只有意志堅強的人，才能戰勝一切困難，取得成功。

【知古通今】

西元前一〇四年，司馬遷著手編寫中國的第一部紀傳體通史。正當司馬遷專心著述的時候，大禍從天而降。

西元前九九年，漢將軍騎都尉李陵奉命率領五千步兵出擊匈奴，不幸被匈奴八萬騎兵包圍，經過幾晝夜的激戰，李陵得不到漢武帝愛妃的長兄李廣利所率領的主力部隊的後援，結果因箭盡糧絕，寡不敵眾而戰敗投降。

漢武帝為戰敗之事非常生氣。漢武帝問司馬遷對此事有何看法。司馬遷認為：敵我兵力懸殊，李陵以少數兵力轉戰千里，後無援兵，殺傷敵兵近萬。這般英勇，古代名將也不過如此。他雖然力竭投降，還是有可能找機會立功報效國家的。

司馬遷的話其實是在指責李廣利沒有盡到他的責任。不料漢武帝認為這些話是為李陵開脫，盛怒之下，立即下令把司馬遷投入了監牢，並處以死刑。

按漢朝的法律，死刑有兩種減免的辦法，一是用錢來贖罪，一是受「腐刑」。司馬遷是個小小的史官，家裡很窮，拿不出錢來贖罪。只好接受了這種對人肉體上、精神上最殘酷的摧殘以及對人格的極大侮辱。為此，司馬遷痛不欲生，幾次想自殺。但是，他顧及到《史記》尚未完成，便隱忍苟活，誓成一家之言，以實現父親的夙願和自己的理想。

他忍辱負重，矢志不移，終於在西元前九三年完成了千古不朽的名著——《史記》。

評析：

「行百里者半九十」，「靡不有初，鮮克有終」，古人的這些遺訓告誡世人，立志不難，難的是矢志不移。堅強的意志是成功者的必備要素。矢志不移，事終成。

【連結共享】

知其固者，自養也；讓己者，養人也。

——《鬼谷子．本經陰符七篇》

懂得如何固守自己意志的人，是具有自我修養的人；懂得如何謙遜禮讓的人，是能容忍別人的人。

有守之人，目不視非，耳不聽邪。

——《鬼谷子・本經陰符七篇》

有操守的人，不視非禮，不聽邪僻。

相益則親，相損則疏。

——《鬼谷子・謀篇》

互相有益就會親近，互相損害就會疏遠。

抱薪趨火，燥者先燃；平地水肉，濕者先濡。

——《鬼谷子・摩篇》

抱起柴火扔進火中，乾燥的先著；平地澆上水，濕潤的地方先把水吸引過去。

三十九　挽留下屬的好方法

鬼谷子曰：「綴去者，謂綴己之繫言，使有餘思也。」（語出《鬼谷子．中經》）所謂「挽留求去的人」，就是指說出自己挽留的話，以便使對方詳盡考慮。

對於有價值的下屬，不能讓其輕易流失，領導者應竭力挽留。當然，注意挽留的方法非常重要。

鬼谷子曰：「綴去者，謂綴己之繫言，使有餘思也。」

——語出《鬼谷子·中經》

挽留下屬的好方法

鬼谷子曰：「綴去者，謂綴己之繫言，使有餘思也。」

意思是說，所謂「挽留求去的人」，就是指說出自己挽留的話，以便使對方詳盡考慮。

在鬼谷子看來，對一些有價值的人才，要竭力挽留，不能輕易放走，否則是一大損失。

那麼，如何挽留呢？

鬼谷子說：「對於品行端正、誠實正直的人，要稱頌他們的品行，激勵他們的志向，高談可能挽留他們。當然，如果還是挽留不了，那就喜悅地希望能夠再會。」

鬼谷子挽留人才的論述，對現代的領導者是一大警醒。現實生活中，許多領導者往往由於重視不夠、方法不當，使許多不該流失的人才流失。其實，只要予以重視、運用合理的方法，那些打算離開的下屬是可以挽留的。

（一）即時反應

領導者在收到下屬尤其是自己不希望流失的下屬的辭職報告後，應在最短時間內做出反應。這個反應的時間應不超過十分鐘，即使手頭有重要的工作也要暫時放下。概括而言，領導者這樣做的目的有兩個：一是向辭職的下屬表明其在自己心目中的重要性；二是不讓下屬失望，從而下定不可逆轉的決心。即時反應，能讓領導者有最大的機會去改變下屬的想法。

（二）保守祕密

將下屬辭職的消息嚴密封鎖，或盡最大可能將下屬辭職的消息縮小在最有限的範圍內，這樣做對辭職者本人和領導者雙方都很重要。對下屬來說，為其在日後改變辭職想法繼續留下來消除了一個障礙，否則這個障礙會影響他改變主意的決心。對領導者來說，可避免下屬辭職（即使最後留下）給組織帶來的負面影響（如士氣等）以及避免讓其他人去猜想領導者為挽留辭職者所做出的讓步，以防其他人日後仿效。

（三）聆聽下屬的心聲

領導者要立即約見辭職的下屬，找一個環境比較幽雅的地方進行交談，並仔細聆聽和記錄，以找出其辭職的真正原因，是非組織因素（讀書、異地搬遷、出國等）還是組織因素等（工作環境、待遇、人際關係、工作節奏、個人的發展前景等）。另一方面，要盡最大可能了解辭職者要去的下一個公司向其提供的且讓其為之動心的條件。所有這些顯然對挽留下屬有所幫助。

（四）制訂挽留方案

一旦精確的資料收集完，領導者就要坐下來，在組織政策和資源許可的範圍內，針對了解到的下屬辭職的原因制定一個挽留方案。

（五）竭盡全力

一旦仔細規劃的挽留方案在手，領導者就要竭盡全力，贏回下屬。首先，領導者的快速反應使辭職者明白自己的離職是很大的一件事；領導者應真誠地向下屬表達他的留下對組織是重要而有意義的；再者，領導者應表達引起辭職的一些組織因素自己正在著手落實解決。

（六）防患於未然

最後也是最重要的一步，領導者要坐下來，靜下心，想一想下屬，想一想下一個問題是什麼？將會出在哪裡？怎樣來避免等。雖然可以亡羊而補牢，但防患於未然尤為重要。

以上措施雖然不能將提出辭職的下屬全部挽留住，但領導者如真正能按上述步驟來做工作，那挽留住辭職下屬的機率將會大大提高。

【知古通今】

西元一九四七年的一天，一個中年人走進托馬斯．約翰．沃森的兒子小沃森——這個 IBM 第二任總裁的辦公室，他瞧了一眼小沃森，毫無顧忌地嚷道：

「我沒有什麼希望了，銷售總經理的差事沒了，現在做著沒人做的閒差……。」

此話怎講呢？

這個人叫伯肯斯托克，是 IBM 公司未來需求部的負責人。他是當時剛剛去世的 IBM 公司第二把交椅柯克的好友，因為柯克與小沃森是對頭，伯肯斯托克心想：柯克一死，小沃森肯定不會放過他，與其被人趕走，不如主動辭職，落個痛快。

伯肯斯托克知道小沃森與他的父親一樣，脾氣暴躁，也很要面子，如果哪位職員敢當面向他們發火，那麼，其結果就不言而喻了。

奇怪的是，小沃森顯得很平靜，臉上還有一絲笑意。

伯肯斯托克有點緊張了。

不是因為害怕，而是有點摸不著頭腦了。

「如果你真能幹，那麼，不僅在柯克手下，在我、我父親手下都能成功。如果你認為我不公平，那麼你就走；否則，你應該留下，因為這裡有許多機遇。」

「……。」

「如果是我，現在的選擇是留下來。」

「我剛才的話你沒有聽見？」

伯肯斯托克沒有回答，好像真的沒有聽見。

小沃森實際上做的是盡力挽留面前這個人。

事實證明留下伯肯斯托克是正確的。伯肯斯托克是個不可多得的人才，甚至比剛去世的柯克還精明能幹。在促使 IBM 從事電腦生產方面，伯肯斯托克的貢獻最大。當小沃森極力勸說老沃森及 IBM 其他高級負責人迅速投入電腦產業時，公司總部裡支持者相當少，而伯肯斯托克全力支持他。

伯肯斯托克對小沃森說：「打孔機注定要被淘汰，如果我們不覺醒，不盡快研發電子電腦，IBM 就要滅亡。」

小沃森相信他說的話是對的。

小沃森聯合了伯肯斯托克的力量，為 IBM 立下了汗馬功勞。

小沃森在他的回憶中曾寫下這樣一句話：「在柯克死後，挽留伯肯斯托克是我有史以來所採取的最出色的行動之一。」

評析：

二十一世紀的今天，無論哪一個行業的競爭，都是人才的競爭。人是最寶貴的資源，人是一切事情的決定因素。毫不誇張地說，沒有人才，組織就沒有了活力，最終也必將因此而失去生存空間。

【連結共享】

以他人之庶，引驗以結往，明疑而去之。

——《鬼谷子．中經》

利用他人的希望，結合以往的經驗，闡明疑惑，消除疑惑。

守義者，謂守以人義，探心在內以合也。

——《鬼谷子．中經》

所謂「守義」，就是指遵守人的義理，進而探求內心以求相合。

人才是企業生存之本，發展之本，企業競爭就是人才的競爭。然而，在面對人才流失時，大多數企業認為，現在人才市場供大於求，走了一個舊的，能招來一個新的，並不影響什麼。其實，他們都小看了人才流失給企業帶來的損失。

四十　充分發揮自己的長處

鬼谷子曰：「以實取虛，以有取無，若以鎰稱銖。」（語出《鬼谷子・本經陰符七篇》）當一個人以自己的堅實去攻取對方的虛弱，以自己的優勢去戰勝對方的劣勢時，那就像用鎰來稱銖（一鎰合二十四兩，一銖合二十四分之一兩）一樣輕而易舉。

挑戰，在生命中是必不可少的，但並不意味著要我們拿雞蛋去碰石頭。我們有鐵錘，為什麼不試試用鐵錘去敲擊雞蛋，去敲擊石頭呢？這樣，既可達到自己的目的，又沒有浪費鐵錘的價值。

鬼谷子曰：「以實取虛，以有取無，若以鎰稱銖。」

——語出《鬼谷子．本經陰符七篇》

充分發揮自己的長處

人生的訣竅，成功的祕密，就是發揮你的長處。人的一生中，無論怎樣東奔西走，最終用來謀生的還是自己的長處。長處是人生的一片沃土，成功的種子就埋在這裡。如果你在這裡勞動，把自己的長處發揮得淋漓盡致，你就會獲得成功。

鬼谷子認為，當一個人以自己的堅實去攻取對方的虛弱時，就會輕而易舉地獲得成功。鬼谷子還在〈本經陰符〉篇中說，「審於唱合，以間見間，動變明而威可分。」即以己之長攻彼之短的人，對倡導和符合自己的人要隨時進行審察，要透過別人的間隙來發現他們的失誤和弱點。這樣，我方的變化和行動才能明確，對方的威勢才能分散。

有位哲人說：「垃圾是放錯地方的資源。」這話是很有道理的。然而，反過來說：「資源放錯了地方就是垃圾。」似乎更具有哲學性。偉大的富蘭克林就說過：「寶貝放錯了就是垃圾！」由此可見，人若不能發揮自己的長處，就無異於沒有長處。

有長處而不充分使用、發揮的人，可能是懶惰，不願意去探索，不願意去尋找，自甘平淡。還有另一種人則與這種人完全相反，他們有很強的上進心和進取心，富有拚搏和挑戰精神，碰到自己不擅長的事情，他們不會放棄，而是奮起直追，非得攻克自己的弱勢，他們總是把自己放在一無所知的職位，這是自我挑戰的表現，精神和勇氣實在可嘉，可是方法卻不足取。人的生命有限，我們的弱勢豈獨二三項，短暫的人生，又怎能容許我們耗費太多的精力去做無謂的掙扎！

所以，在有限的時間裡，人們都應充分挖掘自己的長處，做自己擅長的事情，而不要摸著石頭過河，去挑戰本沒有必要挑戰的自我；要將自己定位在適當的位置，不可把原本可以發光的自己埋沒在塵土裡，被當作垃圾處理。

另外，充分發揮自己的長處還有一個必要前提，就是首先必須對自己有一個完整而正確的了解。

孔子曾說：「吾日三省吾身，然後知行而無過。」成功的人都有個共同之處，那就是反覆地研究自己，認識自己，了解自己，懂得自己的長處和短處，然後選擇人生目標和奮鬥方向，而不是盲從，也不是委曲求全。

的確，在人生的坐標系裡，一個人如果用他的短處來謀生，那將是非常可怕的事情。而與此相反，如果你選擇經營自己的長處，不但每天都有所長進，而且會逐漸領悟不同層次的樂趣，享受新發現，體會長處給你帶來的充實和快樂。

【知古通今】

諸葛亮罵死王朗，口舌之利發揮得淋漓盡致。

諸葛亮出祁山伐魏，魏司徒王朗隨軍前往前線應敵，兩軍對陣於前。

王朗：（兩軍陣前，拱手）來者可是諸葛孔明？

諸葛亮：（扶扇拱手）正是。

王朗：久聞公之大名，今日有幸相會！公既知天命，識時務，為何要興無名之師？犯我疆界？

諸葛亮：我奉詔討賊，何謂之無名？

王朗：天數有變，神器更易，而歸有德之人，此乃自然之理。（曹真在旁點頭）

諸葛亮：（羽扇遙指）曹賊篡漢，霸占中原，何稱有德之人？

王朗：自桓帝、靈帝以來，黃巾猖獗，天下紛爭，社稷有累卵之危，生靈有倒懸之急，我太祖武皇帝，掃清六合，席捲八荒，萬姓傾心，四方仰德，此非以權勢取之，實乃天命所歸也！我世祖文皇帝，神文聖武，繼承大統，應天合人，法堯禪舜，處中國以治萬邦，這豈非天心人意乎？今公蘊大才，抱大器自比管仲、樂毅，何乃要逆天理，悖人情而行事？豈不聞古人云：順天者昌，逆天者亡。今我大魏帶甲百萬，良將千員。諒爾等腐草之螢光，如何比得上天空之皓月？你若倒戈卸甲，以禮來降，仍不失封侯之位，國安民樂，豈不美哉？

諸葛亮：（狂笑數聲，扶扇而答）我原以為你身為漢朝老臣，來到陣前，面對兩軍將士，必有高論，沒想到竟說出如此粗鄙之語！我有一言，請諸位靜聽。昔日桓帝、靈帝之時，漢統衰落，宦官釀禍，國亂歲凶，四方擾攘。黃巾之後，董卓、李榷、郭汜等接踵而起。劫持漢帝，殘暴生靈，因之，廟堂之上，朽木為官；殿陛之間，禽獸食祿。以至狼心狗肺之輩洶洶當朝，奴顏婢膝之徒紛紛秉政，以致社稷變為丘墟，蒼生飽受塗炭之苦！值此國難之際，王司徒又有何作為？王司徒之生平，我素有所知，你世居東海之濱，初舉孝廉入仕，理當匡君輔國，安漢興劉，何期反助逆賊，同謀篡位！罪惡深重，天地不容！

王朗：（手指諸葛亮）你……諸葛村夫，你敢……

諸葛亮：（憤而站立）住口！無恥老賊，豈不知天下之人，皆願生啖你肉，安敢在此饒舌！今幸天意不絕炎漢，昭烈皇帝於西川，繼承大統，我今奉嗣君之旨，興師討賊，你既為諂諛之臣，只可潛身縮首，苟圖衣食，怎敢在我軍面前妄稱天數！皓首匹夫！蒼髯老賊！你即將命歸九泉之下，屆時有何面目去見漢朝二十四代先帝？！

王朗：（手捂胸口，顫聲）我、我、我……

諸葛亮：（大聲斥責）二臣賊子，你枉活七十有六，一生未立寸功，只會搖唇鼓舌！助曹為虐！一條斷脊之犬，還敢在我軍陣前狺狺狂吠，我從未見過有如此厚顏無恥之人！

王朗：你、你……啊……（墜於馬下，猝死）

評析：

諸葛亮口才非凡，在赤壁之戰前夕赴會東吳舌戰群儒時即有充分體現。此次兩軍陣前，武鄉候再次一展自己卓越的辯才，將王朗活生生罵死。諸葛亮之所以有此神舉，主要原因就是他充分發揮了自己的長處，並洞悉王朗情緒易失控的短處，最後以己之長攻彼之短，略費口舌就獲得了難以想像的成功。

【連結共享】

散勢者，神之使也。用之，必循間而動。威肅內盛，推間而行之，則勢散。

——《鬼谷子．本經陰符七篇．散勢法鷙鳥》

散發自己的威勢，是要靠精神力量來推動的。當一個人採取鷙鳥之術時，必須遵循伺機而動的原則，整肅自己的威勢，強盛自己的精神，利用對方的弱點和失誤，這樣的行動，就稱為「散發自己的威勢」。

電子書購買

國家圖書館出版品預行編目資料

軍師，我想好好活：鬼谷子的腹黑職場生存術，不是他被暗算，就是你被插刀！/ 劉燁，岳展騫著 . -- 第一版 . -- 臺北市：崧燁文化事業有限公司，2021.11
面；　公分
POD 版
ISBN 978-986-516-600-7(平裝)
1. 鬼谷子 2. 研究考訂 3. 謀略
121.887　110002542

軍師，我想好好活：鬼谷子的腹黑職場生存術，不是他被暗算，就是你被插刀！

臉書

作　　者：劉燁，岳展騫
發 行 人：黃振庭
出 版 者：崧燁文化事業有限公司
發 行 者：崧燁文化事業有限公司
E-mail：sonbookservice@gmail.com
粉 絲 頁：https://www.facebook.com/sonbookss/
網　　址：https://sonbook.net/
地　　址：台北市中正區重慶南路一段六十一號八樓 815 室
Rm. 815, 8F., No.61, Sec. 1, Chongqing S. Rd., Zhongzheng Dist., Taipei City 100, Taiwan (R.O.C)
電　　話：(02)2370-3310　　傳　　真：(02) 2388-1990
印　　刷：京峯彩色印刷有限公司（京峰數位）

定　　價：370 元
發行日期：2021 年 11 月第一版
◎本書以 POD 印製